产业园区运营
创新策略

梁海明 著

北京出版集团
北京出版社

图书在版编目（CIP）数据

产业园区运营创新策略 / 梁海明著. -- 北京：北京出版社，2023.12
ISBN 978-7-200-18457-0

Ⅰ.①产⋯ Ⅱ.①梁⋯ Ⅲ.①工业园区-经营管理-研究-中国 Ⅳ.① F424

中国国家版本馆 CIP 数据核字（2023）第 257238 号

产业园区运营创新策略

梁海明　著

出　版	北京出版集团 北京出版社
地　址	北京北三环中路 6 号
邮　编	100120
网　址	www.bph.com.cn
总发行	京版北教文化传媒股份有限公司
经　销	全国各地书店
印　刷	河南龙华印务有限公司
版印次	2024 年 1 月第 1 版第 1 次印刷
开　本	787 毫米 ×1 092 毫米　1/16
印　张	9.5
字　数	178 千字
书　号	ISBN 978-7-200-18457-0
定　价	86.00 元

如有印装质量问题，由本社负责调换
质量监督电话　（010）58572740　（010）58572393

序言：构建产业园区发展的 DNA

产业园区是推动区域经济发展和创新发展的重要载体，在我国，目前有各类产业园区共 15 000 多个，其中省级以上的产业园区近 1 700 个，国家级产业园区 400 多个。产业园区对各地经济的推动作用是非常显著的，它可以提供大量的就业机会，吸引外部投资，带动相关产业的发展，形成产业集群，从而带动整个区域经济的发展。但在实际运营中，产业园区面临着诸多挑战，主要包括土地资源有限、招商引资难度大、产业同质化竞争严重、环保压力日益增大和管理和运营效率低下等。如何解决运营难题，成为产业园区发展的关键。本书围绕"产业园区运营为魂"这一核心理念，深入探讨了如何构建产业园区发展的 DNA，实现园区的可持续发展和高质量发展。

本书以实践为主线，结合大量案例，从产业园区的运营模式、招商引资、产业发展、人才引进等方面，全面剖析了产业园区运营中的难点和痛点，并提出了针对性的解决方案。同时，本书还结合最新的产业园区运营理念和实践经验，为读者提供了系统性的运营知识和技能，帮助读者更好地掌握产业园区运营的核心要点，提升产业园区的运营水平。

在本书中，作者强调了运营的重要性，认为运营是产业园区发展的基础和灵魂。只有通过运营创新，不断提高园区的运营水平，才能实现产业园区的可持续发展和高质量发展。因此，本书提出了"以运营为抓手，以落地思维搞运营创新，以产业生态创新建设确立运营之魂"的运营创新策略，为产业园区的可持续发展提供了新的思路和方向。

本书不仅适合广大产业园区从业者和管理者阅读，也可作为高等院校相关专业的教材。希望本书的出版能够为产业园区的发展注入新的动力和活力，从而推动产业园区的高质量发展。

目 录

第一章　产业园区概述 ………………………………………………… 1
　　第一节　产业园区的定义、类型和特点 ………………………… 3
　　第二节　产业园区的起源 ………………………………………… 6
　　第三节　产业园区的作用与发展趋势 …………………………… 8

第二章　产业园区运营创新的理论基础 ……………………………… 19
　　第一节　产业园区运营的现状及挑战 …………………………… 19
　　第二节　产业园区运营的基本概念 ……………………………… 22
　　第三节　产业园区运营的意义及运营要点 ……………………… 23

第三章　产业园区运营创新的核心要素 ……………………………… 26
　　第一节　产业定位是园区运营工作的基础 ……………………… 26
　　第二节　服务体系是产业园区发展的关键 ……………………… 29
　　第三节　招商体系是产业园区发展的重中之重 ………………… 35
　　第四节　团队打造是产业园区运营的驱动力 …………………… 44

第四章　产业园区运营模式的创新 …………………………………… 49
　　第一节　我国产业园区运营创新上的不足及成因 ……………… 49
　　第二节　产业园区运营模式的种类和特点 ……………………… 52
　　第三节　如何选择适合的园区运营模式 ………………………… 59
　　第四节　园区运营模式的优化和创新 …………………………… 63
　　第五节　产业园区运营模式的创新之路 ………………………… 70

第五章　产业园区品牌运营管理的创新 ······· 82
第一节　产业园区品牌运营管理的基础知识 ······· 82
第二节　产业园区品牌运营管理创新的必要性 ······· 84
第三节　产业园区品牌运营管理创新的策略 ······· 86
第四节　产业园区品牌运营管理创新的实践案例 ······· 91

第六章　产业园区金融创新策略分析与实践 ······· 95
第一节　金融工具在产业园区中的应用 ······· 95
第二节　产业园区金融创新的路径 ······· 99

第七章　构建产业园区人才服务体系 ······· 106
第一节　构建产业园区人才服务体系的基本原则和措施 ······· 107
第二节　产业园区人才服务创新实践分析 ······· 111

第八章　产业园区创新生态建设 ······· 117
第一节　产业园区创新生态概述 ······· 117
第二节　产业园区创新生态建设现状分析 ······· 121
第三节　产业园区创新生态建设的策略建议 ······· 124

第九章　打造园区发展的 DNA ······· 128
第一节　园区发展的 DNA 理论基础 ······· 128
第二节　打造产业园区发展独特基因的核心手段 ······· 130
第三节　用产业链锻造园区基因链 ······· 134

第十章 案例分析 ······ 139
案例一 杭州市西溪创意产业园 ······ 139
案例二 贵港市电动车产业园 ······ 140
案例三 北京中科创意产业园 ······ 141

参考文献 ······ 143

后　记 ······ 144

第一章　产业园区概述

产业园区是区域经济的核心基础，是各国城市走向现代化的产业路径。在经济学家的眼里，产业园区是怎样的呢？

保罗·萨缪尔森（美国经济学家）："产业园区是现代经济发展的关键驱动力之一，它们能够促进技术创新和产业升级，提高劳动生产率和经济效益。"

米尔顿·弗里德曼（美国经济学家）："产业园区是市场经济的一种形式，通过政府引导和协调，可以将分散的产业资源集中起来形成规模效应，从而提高整个产业的效率和竞争力。"

约瑟夫·斯蒂格利茨（美国经济学家）："产业园区可以实现资源的优化配置和产业协同发展，但如果政府过度干预或者管理不善，也可能导致产业同质化和浪费资源的情况出现。"

刘伟（中国经济学家）："产业园区是中国经济转型升级的重要手段之一，它们能够促进产业集聚和优化配置资源，提高企业创新能力和市场竞争力。"

李稻葵（中国经济学家）："产业园区是推动区域经济发展的有效途径，政府应该加强对产业园区的引导和规范管理，以避免产业同质化和浪费资源的情况出现。"

高培勇（中国经济学家）："产业园区是实现经济结构优化和提升产业核心竞争力的关键环节，政府应该通过政策扶持和创新机制建设来支持产业园区的发展。"

为了更清晰、更全面地了解产业园区，我们先看下面的两个例子：

一、中关村科技园区

中关村科技园区是我国非常著名、非常有特色的产业园区，它是中国政府为推动高科技产业发展而建立的园区，是中国第一个国家级高新技术产业开发区、第一个国家自主创新示范区、第一个国家级人才特区，是中国体制改革的试验田，也是中国科技体制改革的先行者。

中关村科技园区的发展经历了几个阶段。最初，园区以招才引智为先导，吸引了一大批高端人才和优秀科技企业进驻，实现了科技资源的汇聚。随后，园区进入了规模扩张期，政府开始加大对园区的投入，大力支持企业的创新研发，吸引了一批高科技企业的落户，并积极推进产业结构升级。最后，园区进入了深度发展期，政府开始实施创新驱动发展战略，打造世界级科技创新中心，建设"中国创新之都"。中关村科技园区主要具有以下几个特点：

（一）高度集中：中关村科技园区集中了大量的高科技企业和研发机构，形成了高度集中的产业聚集效应。

（二）政策优惠：中关村科技园区内的企业可以享受到政府提供的各种优惠政策和扶持措施，包括税收优惠、土地优惠政策、基础设施建设等。

（三）产业链整合：中关村科技园区内的企业之间存在着较强的关联性和协同效应，有利于实现产业链的整合和协同发展，从而提高整个区域的经济竞争力。

（四）国际化程度高：中关村科技园区积极推动自身国际化发展，吸引大量的国际企业和研发机构入驻，达到了较高的国际化程度。

（五）创新创业氛围浓厚：中关村科技园区注重创新创业氛围的营造，以此吸引大量的创新创业人才和团队入驻，形成了浓厚的创新创业氛围。

二、山东寿光蔬菜产业园区

山东寿光蔬菜产业园区是中国著名的蔬菜产地之一，园区位于山东省威海市东南部的寿光市。该园区占地面积约1500平方千米，拥有丰富的土地资源和优越的气候条件，适宜种植多种蔬菜和水果。

该园区建立了完善的集蔬菜生产、加工、销售等为一体的全产业链，形成了以设施蔬菜为主、室外蔬菜为辅的生产格局。园区内设有现代化的蔬菜加工厂、冷藏仓库、物流中心等配套设施，为蔬菜产业提供了完善的服务。

在蔬菜品种方面，该园区主要生产番茄、黄瓜、茄子、辣椒、生菜等蔬菜，年产量超过1000万吨。这些蔬菜品种以色泽鲜艳、口感爽脆、品质优良著称，深受国内外消费者的喜爱。

山东寿光蔬菜产业园区运营特色主要包括以下几个方面：

（一）一体化运营：山东寿光蔬菜产业园区将种植、加工、销售等各个环节有机地结合起来，形成了一个完整的产业链。园区内具备从育苗、种植、采摘、包装到销售、物流等一系列完整的配套服务，实现了一体化运营。

（二）规模化生产：山东寿光蔬菜产业园区推行规模化生产，通过统一的种苗、土地、技术和管理等措施，实现了生产成本的降低和品质的提高。同时，规模化生产也可以保证产品供应量和质量的稳定性，以满足市场的需求。

（三）精准营销：山东寿光蔬菜产业园区采用精准的市场营销策略，通过大数据分析等手段了解市场需求和消费者喜好，根据市场需求和消费者喜好调整生产计划，确保产品销售量和市场份额达标。

（四）产业协同：山东寿光蔬菜产业园区注重与相关产业协同合作，通过多方协作，实现资源共享、技术共进和市场共赢。例如，园区与物流企业合作，实现了蔬菜从产地到市场的快速配送；与科研机构合作，推动了农业科技创新；等等。

（五）环保可持续：山东寿光蔬菜产业园区注重环保和可持续发展，采用先进的农业技术和管理手段，实现了减少农药和化肥的使用量、降低环境污染的目标。同时，园区还推行农业循环利用，将农业废弃物转化为有机肥料，实现资源的有效利用。

山东寿光蔬菜产业园区的建设，对当地经济的促进作用是显著的。通过带动就业、增加税收、推动农业升级、增加对外贸易等方式，为当地经济的发展注入了新的活力。

在对我国这两个不同产业方向的产业园区有了基本的认识之后，我们来展开产业园区的基本概述，洞察它的历史和现状，了解它鲜明的特色和丰富的类型，以及它对区域经济的重大贡献。

第一节　产业园区的定义、类型和特点

一、产业园区的定义

产业园区是指由政府或企业发起、规划并建设的，面向某一行业或产业集群的专业化、集成化的综合性区域。通常以特定的产业为核心，集中了一系列相关的、产业链配套企业和服务机构。产业园区提供各种支持服务和基础设施，如土地、建筑、交通、能源、信息等，同时还提供优惠政策等，以吸引更多的企业入驻。建设产业园区是推动区域经济和社会发展的有效手段，是全球范围内的一个重要经济现象。

二、产业园区的类型及其特点

根据不同的分类标准，产业园区可以分为以下几种类型：

（一）技术创新型产业园区

主要吸引高新技术企业和研究机构入驻，推动科技创新和产业升级。技术创新型产业

园区具有以下特点：企业、研究所、高校联系紧密，科研及学术成果转化为产品的周期短；土地开发强度及利用效率高；拥有快速便捷的交通系统、良好的研发及生活服务设施，集工作、生活及休闲于一体；建立高效、联系紧密及易辨识的公共交往空间，营造良好交流氛围；以科技为导向，引领新的工作及生活模式。

（二）**特色产业型产业园区**

聚焦某一特定行业或产业领域，发展专业化、差异化的产业集群。特色产业型产业园区有着显著的特点：

1.产业发展集群化。特色产业园区更容易打响园区品牌，提升对市场的影响力和吸引力，有利于园区向上获取各类政策支持。

2.企业需求规模化。特色产业园区能够吸引大量的企业入驻，形成规模效应，从而降低生产成本，提高市场竞争力。

3.平台设施共享化。特色产业园区内的企业可以共享平台设施，例如技术研发、市场营销、物流等，从而提高企业的运营效率。

4.要素资源流动化。特色产业园区内的企业和要素资源可以更加自由地流动，从而实现资源的优化配置。

5.强调产业特色。特色产业园区要强调产业特色，通过整合特定产业领域的资源，形成具有竞争力的产业链条，从而实现产业的聚集和发展。

（三）**服务型产业园区**

主要吸引服务业企业入驻，涵盖金融、法律、文化创意、人才资源等服务领域。服务型产业园区的特点包括：

1.服务型产业园区的主要服务对象是企业，因此在规划建设时需要重点考虑企业的需求和特点。

2.服务型产业园区通常位于城市中心区域或交通便利的地段，方便企业获取各类资源和服务。

3.服务型产业园区内的建筑通常具有鲜明的特色，能够吸引企业的注意力。

4.服务型产业园区注重打造优质的服务环境，包括提供优质的公共设施、完善的配套服务、高效的物业管理等。

5.服务型产业园区内的企业之间通常具有密切的联系，形成了一个相对稳定的产业生态系统。

（四）**农业生态型产业园区**

以农业为主题，以农业生产和加工为主要产业，注重生态保护和可持续发展。农业生态型产业园区的特点包括：

1. 生态化。农业生态型产业园区应采用生态学原理和生态工程技术，以生态系统的整体性、协调性和循环性为基础，实现经济、社会和生态效益的统一。

2. 产业化。农业生态型产业园区应以农业产业化为基础，通过产业链的延伸和价值链的提升，实现农业生产、加工、销售等环节的有机结合，提高园区农业生产的经济效益和社会效益。

3. 规模化。农业生态型产业园区应采用集中成片的开发模式，形成规模化的农业生产基地，提高园区农业生产的规模效益和市场竞争力。

4. 品牌化。农业生态型产业园区应注重打造自身的品牌，通过品牌的塑造和推广，提高园区的知名度和美誉度，提高园区的市场竞争力。

5. 循环化。农业生态型产业园区应注重资源的循环利用，通过推广生态农业、循环农业等模式，实现资源的循环利用和保持生态平衡，提高园区的可持续发展能力。

（五）产城融合型产业园区

将城市功能和产业发展紧密结合，发展经济、文化等城市功能，同时聚焦某一产业领域发展。产城融合型产业园区的特点包括：

1. 定位于城市功能的补充和完善，与周边城市形成紧密的经济联系和产业分工。

2. 以产业发展为核心，同时注重城市配套设施建设，打造具有产业、商业、文化、教育、居住等多元化功能的园区。

3. 以"产城融合"为发展理念，实现产业、城市和社会的和谐发展。

4. 注重产业链的整合和创新，打造具有核心竞争力的产业集群。

5. 强调产业、城市和社会的可持续发展，采用绿色低碳的生产和生活方式，实现经济、社会和环境的协调发展。

（六）跨境产业园区

面向跨国企业和跨境贸易，发挥区位优势和政策优势，促进跨境贸易和经济合作。跨境产业园区的特点包括：

1. 集聚效应。跨境产业园区能够吸引大量的跨境电商企业和相关企业入驻，形成集聚效应，提高园区的竞争力和影响力。

2. 政策支持。跨境产业园区通常能够获得政府的政策支持，包括税收优惠、资金支持、人才培训等，为园区的发展提供了有力的保障。

3. 信息化管理。跨境产业园区采用信息化手段进行管理，包括物流交通管理、电商企业管理、出口业务管理等，实现了园区运营、物流交通、电商企业、出口业务之间的联通，提高了园区的运营效率和管理水平。

4. 国际化程度高。跨境产业园区内的企业和工作人员具有较高的国际化运作能力及管理水平，能够利用国际市场和国际资源，促进园区的国际化发展。

5. 产业链整合。跨境产业园区内的企业之间通常具有密切的联系，形成了一个相对稳定的产业生态系统，有利于实现产业链的整合和发展。

6. 创新创业支持。跨境产业园区注重创新创业支持，通过提供基础服务、人才培训、海外消费者流量、海内外仓储物流、创意产品库、供应链金融、孵化投资等服务，吸引了大量的创新创业者和跨境电商从业者。

总之，跨境产业园区具有集聚效应、政策支持、信息化管理、国际化程度高、产业链整合和创新创业支持等特点，是跨境电商产业发展的重要载体和平台。

（七）智能制造型产业园区

以智能制造和建设工业物联网平台为发展方向，发展智能制造、工业物联网等高科技产业。智能制造型产业园区的特点包括：

1. 科技含量高。智能制造型产业园区瞄准国内外最新科技成果，加强技术引进、消化、创造，突出技术的集成与配套，以生物技术为重点，加强种子种苗、设施化栽培、工厂化立体种养、节水灌溉、无公害生产等技术的研究与开发，推动园区农业科技总体水平的提高。

2. 科技成果转化率高。智能制造型产业园区重点突出科技与市场、科技与经济的结合，促进农业科技成果转化为现实生产力，使园区成为科技与经济相结合的桥梁和纽带。

3. 综合经济效益高。在实现社会效益、生态效益的基础上，智能制造型产业园区突出经济效益，采用新品种、新设施、新技术来获得高效益。例如江苏省园区平均效益为 6×10^4~7.5×10^4 元/公顷，为大面积生产的 5~10 倍。

4. 经营管理机制新。智能制造型产业园区改变以往计划经济的运行和管理模式，建立企业化经营管理运行制度，推进"产权清晰、责权明确、政企分开、管理科学"的现代企业制度。

第二节　产业园区的起源

产业园区的概念源于 20 世纪初期的美国。当时，由于新技术和新产业的快速发展，企业对土地和基础设施的需求量日益增加，同时，城市化进程的加快也使得城市周边的土地价格不断上涨，企业难以承受高昂的土地成本和建设费用，于是，政府开始通过规划和建设产业园区来解决这些问题，提供便宜的土地和基础设施，并为企业提供更好的发展环境。

美国的第一个产业园区位于俄亥俄州的克利夫兰市，该产业园区名为"Cleveland's Industrial Flats"。当时，该产业园区的一部分被用于运输和加工工业原材料，如铁矿石和石油，而另一部分则被用于建筑和机械制造。

20世纪初期，克利夫兰市成为美国制造业的中心之一，该产业园区成为许多工厂和制造企业的集聚地。该产业园区拥有大量的制造业企业，如钢铁生产商和机械制造商，还包括一些轻工业企业，如纺织品生产商和糖果制造商。

该产业园区采用了先进的生产技术和管理方法，使得园区内的企业具有较强的竞争力和较高的生产效率。此外，园区内部还建立了各种公共设施和服务系统，如铁路、码头、自来水和排水系统、燃气和电力设施，以及住宅和医疗设施，这些设施和服务为企业提供了便利和支持。

随着时间的推移，建设产业园区逐渐成为各国政府推动产业升级和经济转型的重要手段之一。

欧洲建设较早的产业园区之一是英国的斯拉德温庄园（Slough Trading Estate），该产业园区建于20世纪20年代，是世界上第一个规模较大的现代产业园区。它位于伦敦西部，占地面积达600英亩，是当时最大的私人产业园区之一。该园区设有铁路、水路和公路等多种交通运输设施，以及电力、燃气和电话等多种公用设施，为企业提供了优质的基础设施支持。

另一个较早的产业园区是德国的博希姆工业区（Bochum Dahlhausen Industrial Park），该园区建于19世纪60年代，以钢铁和煤炭工业为主。它曾经是德国最大的钢铁生产基地之一，也是欧洲最早的产业园区之一。该园区拥有完备的基础设施，包括水路、铁路和公路等交通运输设施，以及电力、燃气和通信等公用设施。

此外，法国的塞拉托工业区（Serrault Industrial Park）也是欧洲较早的产业园区之一，该园区建于20世纪40年代，是法国工业发展的一个缩影。它位于巴黎南部，占地面积约600英亩，拥有现代化的基础设施和一流的工业设备，是法国最大的工业园区之一。该园区以机械制造、汽车工业和航空工业为主。

在中国，产业园区的发展始于20世纪80年代末和90年代初。当时，由于改革开放的推进和国际市场的扩大，中国各地的企业对土地、能源和人力资源的需求也日益增长。为了解决这些问题，政府开始建设产业园区，并提供优惠的政策和服务，吸引企业入驻。这些产业园区在中国的经济发展中起到了重要的推动作用，成为中国经济转型和升级的关键平台之一。

中国最早的产业园区是深圳特区成立后于20世纪80年代初期兴建的深圳科技工业园，又称深圳软件产业基地。该园区位于深圳市南山区高新技术产业园区内，是中国第一个以引进外资、推动高新技术产业发展为目标的园区。深圳科技工业园区的建设始于1985年，由深圳市政府和中国科学院共同创办，园区总面积为11.5平方千米。园区引进了大量的外资和高新技术企业，成功地打造了一批具有国际竞争力的科技企业，包括华为、中兴通讯、TCL等知名企业。深圳科技工业园区的成功经验为中国后来的产业园区建设提供了有益的借鉴和启示。

随着时间的推移，产业园区在各国的发展中得到了越来越广泛的应用和推广。现在，全球范围内已经建设了大量的产业园区，这些产业园区成为各国推动经济发展和实现产业升级的重要平台之一。

第三节　产业园区的作用与发展趋势

一、产业园区的作用

美国哈佛大学商学院教授迈克尔·波特认为，产业园区可以成为经济增长的新引擎，通过创新型、知识密集型产业的发展，推动经济的增长。

美国纽约大学经济学教授保罗·罗默认为，产业园区可以促进企业之间的合作和竞争，从而提高整个产业的效率和生产力。

我们先来认识一下世界上三个著名的产业园区。

（一）美国纽约长岛产业园区

美国纽约长岛产业园区（Long Island Industrial Park，简称LIP）是美国东海岸最大的工业区，位于纽约市东南部。该园区占地面积约为1 200平方千米，包括了纽约市的五个区，即纽约市皇后区、布鲁克林区、曼哈顿区、斯塔滕岛和长岛。该园区主要发展高科技产业和制造业，包括计算机硬件、电子、生物技术、医药、环保、金融等行业。园区内有许多大型企业,如苹果、微软、谷歌、IBM、英特尔、思科等。此外,该园区还拥有完善的基础设施和优秀的管理团队,为企业提供了良好的发展环境。

纽约长岛产业园区是美国工业发展的重要基地之一,也是全球最重要的高科技产业中心之一。该园区的发展对于美国经济和全球高科技产业的发展都有着重要的意义。

(二)德国鲁尔工业区

德国鲁尔工业区是欧洲最大的工业区之一,也是世界上最大的工业区之一。鲁尔工业区是德国西部的一个工业区,它位于莱茵河下游支流鲁尔河与利珀河之间的地区,包括德国北莱茵—威斯特法伦州的杜伊斯堡、多特蒙德、埃森和不来梅等城市。鲁尔工业区的发展可以追溯到19世纪中叶,当时这里主要是煤炭、钢铁等传统工业的基地。随着工业的发展,这里的人口不断增加,城市化进程加快,逐渐形成了一个以这些工业城市为中心的工业区。

鲁尔工业区以煤炭、钢铁、化工、机械等行业为主,是德国工业的核心地带。这里的工业生产水平很高,产品种类繁多,而且技术水平也很高。鲁尔工业区的工业生产在20世纪初达到了顶峰,但在第二次世界大战后逐渐衰落,目前主要发展服务业和高科技产业。

鲁尔工业区的城市化程度很高,区内人口和城市密集,核心地区人口密度超过每平方千米2700人。区内有24个人口超过50万的城市,例如埃森、多特蒙德和杜伊斯堡。此外,鲁尔工业区还是德国重要的交通枢纽,有多条铁路、公路和航空线路经过。

总的来说,鲁尔工业区是德国工业的重要代表之一,其发展历程、城市化程度和工业生产水平对德国工业的发展都是非常重要的。

(三)中国苏州工业园区

苏州工业园区是中国最大的工业园区之一,也是世界上最大的工业园区之一。苏州工业园区(Suzhou Industrial Park)位于江苏省苏州市东部,是中华人民共和国政府与新加坡政府共同开发建设的高新技术产业园区。该园区成立于1994年,行政区划面积278平方千米,其中水域面积约16平方千米。

苏州工业园区以现代服务业和高新技术产业为主导,涵盖了生物医药、半导体、信息技术、新材料、环保等多个领域。园区内聚集了许多世界500强企业和国内外知名企业,如英特尔、IBM、诺基亚、微软、华为、阿里巴巴、京东等。

苏州工业园区不仅在中国声名斐然,在国际上也享有很高的声誉。该园区先进的管理理念和完善的基础设施赢得了国内外企业的青睐,成为中国经济发展的重要引擎之一。同时,苏州工业园区也为苏州市带来了很多经济和社会效益，推动了苏州市的发展。

从以上的论述中我们可以看到，产业园区是一种集聚同一产业或相关产业企业、配套设施和服务于一体的特定区域，对区域经济的发展具有巨大的推动作用。

1. 促进产业升级和创新。产业园区的企业集聚可以促进产业链的形成和完善，提高产业的规模和水平，有利于企业的技术创新和产品升级，提高产业的竞争力。

2. 带动就业和经济增长。产业园区吸引了大量企业进驻，创造了大量的就业机会，同时也为地方带来了税收和其他经济收益，有利于地方经济的增长。

3. 加强科技创新和人才引进。产业园区通常设有研发中心和技术服务机构，可以促进企业技术创新，吸引高端人才进入园区，提高地方的科技创新能力和加强创新人才储备。

4. 优化地方经济结构。产业园区的发展可以带动周边产业的发展，推动地方经济结构的升级和优化，有利于实现产业结构调整和转型升级。

5. 提升城市形象和品质。产业园区在建设和管理方面注重环境保护和生态建设，可以提高城市形象和品质，增强城市吸引力和竞争力。

总之，产业园区对于区域经济的发展具有重要的推动作用，可以促进产业升级、创新创业、就业增长、科技创新人才引进、经济结构优化和城市品质提升等方面的发展。

二、产业园区的发展趋势

经过一个多世纪的发展，随着科技的进步和产业的不断变化，产业园区涌现出了越来越多的新形态。

（一）人工智能产业园区

人工智能产业园区是目前最新最热的产业园区，随着人工智能技术爆发性地发展，越来越多的企业开始涉足这个领域。人工智能产业园区是一个集聚人工智能企业、创新创业人才、研发中心、孵化器、加速器等一系列资源的场所，旨在促进人工智能产业的发展和创新。在我国，比较有特色的人工智能产业区主要集中在中心城市，如：上海张江人工智能岛，位于上海市浦东新区张江高科技园区内，是中国首个以人工智能为主题的综合性产业园区，由上海市政府和中国科学院共建；中关村（京西）人工智能科技园，位于北京市门头沟区，是由中关村发展集团和门头沟区政府共同出资设立的园区，聚焦承接中关村科学城数字经济领域创新成果转化，拟打造人工智能特色创新社区。

（二）生物医药产业园区

生物医药产业是目前国际上发展最快、最有潜力的高科技产业之一。生物医药产业园区是一个集聚生物医药企业、科研机构、医疗机构、投资机构等资源的场所，旨在推动生物医药产业的发展和研究。中国生物医药产业园区经过数十年的发展，产业聚集和支柱效应越发显著，创新能力逐步提升，对区域经济的稳定和发展起着重要的推动作用。目前我国生物医药产业形成了环渤海、长三角、珠三角、中部长江经济带、川渝等主要集聚区。在2021年国家生物医药产业园区综合竞争力排名中，位列综合前十的园区分别为：中关村国家自主创新示范区、苏州工业园区、成都高新技术产业开发区、武汉东湖新技术开发区、上海张江高新技术产业开发区、深圳高新技术产业开发区、济南高新技术产业开发区、石家庄高新技术产业开发区、天津滨海高新技术产业开发区、厦门生物医药港。

（三）新能源产业园区

新能源产业是未来发展的重点产业之一，包括太阳能、风能、水能、生物质能、地热能等。新能源产业园区是一个集聚新能源企业、研发机构、投资机构等一系列资源的场所，旨在推动新能源技术的发展和应用。在我国，常州新能源产业园区以天合光能、亿晶光电、顺风光电、东方日升等企业为龙头，瞄准国家"领跑者"计划中对高效率低成本太阳能电池的需求，着力研发高效太阳能电池，并用关键技术推进其产业化建设。目前已经形成了覆盖太阳能光伏、风能、氢能新能源发电，新能源存储，新能源输送以及新能源利用的"发储送用"新能源产业闭环。

（四）区块链产业园区

区块链技术的应用是目前互联网领域的热门话题之一，也是未来互联网发展的重要趋势之一。区块链产业园区是一个集聚区块链企业、研发机构、投资机构等一系列资源的场所，旨在推动区块链技术的发展和应用。中国的区块链产业园区发展较快，吸引了众多知名企业和资本的关注和投资。同时，政府也在积极推动区块链技术的应用和发展，为中国的区块链产业提供了良好的政策环境和支持。我们来看看中国区块链产业园区的发展情况：

1. 北京市朝阳区区块链产业园：成立于2016年，是中国第一个区块链产业园区，由北京市朝阳区政府与北京市政府联合打造。该园区聚集了众多区块链企业，如链家、蚂蚁金服等。

2. 上海张江区块链产业基地：成立于2016年，是上海市政府重点扶持的区块链产业基地之一。主要区块链企业有比特大陆、链安科技等。

3. 深圳市南山区区块链产业园：成立于2018年，是深圳市政府重点扶持的区块链产业基地之一。该园区聚集了众多区块链企业，如一账通、京东数科、微众银行、深圳金融科技等。

4. 杭州市萧山区区块链产业园：成立于2018年，是杭州市政府重点扶持的区块链产业基地之一。主要的区块链企业有阿里云、蚂蚁金服、云象科技、公信宝、链安科技、链家科技等。

5. 成都市高新区区块链产业园：成立于2018年，是成都市政府重点扶持的区块链产业基地之一。主要的区块链企业有迅雷、火币网等。

（五）智能制造产业园区

智能制造是未来工业发展的重要趋势之一，涉及数字化、智能化、自动化等技术。智能制造产业园区是一个集聚智能制造企业、研发机构、孵化器、加速器等一系列资源的场所，旨在推动智能制造产业的发展和创新。东莞理工学院机器人产业园区是由东莞市政府和东莞理工学院合作打造的，园区面积约22万平方米，以机器人及其应用领域为主要发展方向。园区整合了政府、企业和高校的资源，提供了从科研到生产、从人才培养到市场推广的全产业链服务，包括创业加速器、技术研发中心、展示交流中心等，为机器人及其应用领域的创新企业提供了良好的发展环境。

（六）文创产业园区

文创产业园区是以文化创意产业为主要方向的产业园区，以上海、北京、广州等城市为代表。这类园区集聚了大量文化创意企业和人才，涵盖了影视、动漫、游戏、设计等多个领域，成为中国文创产业的重要组成部分。南京江北新区文化创意产业园是江苏省首批文化创意产业园区之一，园区位于长江北岸，总占地面积达1000多亩。园区整合了政府、高校、文化机构、企业等多方资源，集聚了大量的文化创意企业，涵盖了设计、影视、动漫、出版、文化传媒等领域，形成了文化创意产业全链条的产业集群，为文化创意企业提供了专业的孵化器服务、技术支持和市场拓展平台。同时，园区还注重文化与旅游的融合，建设了大量具有文化特色的景点和旅游项目，吸引了大量游客和文化爱好者前来参观和体验。

这些产业园区各有特色，但都具有集聚高科技企业和创新创业资源的优势，为创业者和企业提供了良好的创业和发展环境。

1. 多功能化。越来越多的产业园区正在朝着多功能化的方向发展，不再局限于单一产业，而是将不同产业集成在一个园区内，从而实现资源共享和协同创新。这样可以提高园区的综合竞争力，吸引更多的企业和人才进驻。

2. 智能化。随着科技的发展，越来越多的产业园区开始引入人工智能、物联网等技术，构建智能化的园区管理系统，以提高效率和安全性。

3. 生态化。生态环保已经成为全球的共识。越来越多的产业园区开始注重环保，通过建设绿色园区、节能减排等方式，实现可持续发展。

4. 国际化。随着全球经济的发展，越来越多的产业园区开始注重国际化发展，吸引更多的跨国企业进驻，推动全球产业链的协同发展。

5. 空间共享。空间共享是一种新型的生产和办公方式，越来越多的产业园区开始引入共享空间的概念，打破传统固定的办公和生产空间，让企业可以更灵活地选择使用空间，以提高空间利用率。

总的来说，未来的产业园区将会向着多功能化、智能化、生态化、国际化和空间共享化的方向发展。

三、我国台湾省农业产业园区的特点

在我国台湾省，农业产业园区的特色主要体现在以下几个方面：

主题之美：台湾省的农业产业园区通过有效的主题挖掘和创意形式放大，使得主题特色更加鲜明，更能吸引人、留住人。比如，台湾飞牛牧场将奶牛养殖与园区优美的环境结合，突出"亲近自然、亲近动物"的"牧之美"主题特色，同时将园区的农业资源进行提炼，转变成农业旅游资源，创造出更高的附加价值。

多元化产业：台湾省的农业产业园区不是单一的农业生产基地，而是集农业生产、农业旅游、文化创意、生态环保等多元化产业于一体的综合性产业园区。这些产业之间相互促进、融合，形成了一个有机的整体。

生态化发展：台湾省的农业产业园区注重生态化发展，通过对农业生产过程的优化和对环境的保护，实现农业生产与环境保护的协调发展。比如，台湾清水农业生技园区通过生态农业的发展模式，实现了农业生产与环境保护的平衡。

产业链完整：台湾省的农业产业园区注重产业链的完整性，通过对农业生产、加工、销售等环节的整合，实现农业产业的全面发展。比如，台湾精致农业园区不仅仅是生产基地，还包括了加工、销售等环节，形成了一个完整的产业链。

创新性发展：台湾省的农业产业园区注重创新性发展，通过引进先进的技术和管理经

验，推动农业产业的升级和转型。比如，台湾清水农业生技园区通过引进先进生态农业、有机农业等技术，推动了农业产业的升级和转型。

总之，我国台湾省的农业产业园区在主题挖掘、多元化产业、生态化发展、产业链完整和创新性发展等方面都有着独特的风格。

表1-1 我国台湾省六个农业产业园区

台湾农业产业园区具体名称	产业内容	产业特点
台湾花卉产业园（桃园县）	花卉的种植、生产、加工、研发、销售等	以花卉为主题的产业园区，融合了花卉产业与旅游业，为游客提供独特的花卉体验之旅
台湾水果产业园（新北市）	水果的种植、生产、加工、研发、销售等	专注于水果的品种选育、标准化生产、品牌营销等，积极发展果业旅游，为游客提供丰富的体验
台湾茶叶产业园（台中市）	茶叶的种植、生产、加工、研发、销售等	以茶文化传承为基础，以提升茶叶品质为核心，以发展茶旅游为辅助，推动茶产业的升级发展
台湾蔬菜产业园（苗栗县）	蔬菜的种植、生产、加工、研发、销售等	以绿色生产和安全健康为重点，采用科学的种植技术，发展蔬菜产业现代化，为民众提供健康优质的蔬菜
台湾渔业产业园（宜兰县）	水产养殖、加工、销售等	发展深海养殖和远洋捕捞等多元化的水产养殖方式，推动水产品精深加工技术的发展，促进渔业产业的转型升级
台中农业生物科技园区（台中市）	农业生物技术的研发、生产、销售等	以农业生物技术为主要发展方向，聚焦于农业生物科技产品的研发和生产，推动农业科技创新和发展

四、世界其他主要工业发达地区产业园区的特点

日本的产业园区有以下几个特色：

高度集约化：日本的产业园区通常位于城市中心区域，交通便利，土地资源紧张，因此产业园区内的建筑高度较高，建筑密度较大，同时园区内的道路和管网系统也非常发达，以提高土地利用率。

专业化分工：日本的产业园区内的企业通常是专业化分工的，企业之间的合作非常紧密，相互之间有着密切的联系和协作。这种专业化分工的优势在于可以提高企业的生产效率和产品质量，同时也可以降低企业的生产成本。

品牌化经营：日本的产业园区内的企业通常注重品牌化经营，注重品牌的建设和维护，以提高企业的知名度和竞争力。

政策支持：日本的产业园区通常会得到政府的大力支持，政府会为园区内的企业提供各种政策支持，如税收优惠、资金补贴等，以鼓励企业在园区内的发展。

绿色环保：日本的产业园区注重绿色环保，通过采用各种环保措施，如节能减排、废物回收利用等，来保护环境和减少资源的浪费。

总之，日本的产业园区在高度集约化、专业化分工、品牌化经营、政策支持和绿色环保等方面都有着鲜明的特点。

表1-2　日本六个有代表性的产业园区

产业园区名称	产业特色	行业地位
筑波研究学园都市（茨城县）	以教育、研究、开发与高科技企业为主导，同时具备完整的城市生活配套设施	是日本国家级的研究教育中心，聚集了众多高等教育机构和科研院所，是日本乃至全球的科技创新基地之一
名古屋经济工业园（爱知县）	以汽车制造和机械制造为主导产业，具备强大的产业集聚效应和产业链条	是日本最大的工业园区之一，汽车制造和机械制造在日本工业中占据重要地位，也聚集了众多的知名企业和研发机构
大阪城公园（大阪市）	以高新技术企业、生物医药等新兴产业为主导产业，兼具旅游与文化功能	是大阪地区的重要产业园区之一，聚集了众多的生物医药和高新技术企业，是日本西部地区的科技创新中心之一
东京大崎工业园（东京市）	以电子、钢铁、机械制造等为主导产业，具备强大的研发和技术创新能力	是日本最大的工业园区之一，电子、钢铁和机械制造等产业在日本工业中占据重要地位，也聚集了众多的知名企业和研发机构
富山高新区（富山县）	以高新技术企业、生物医药等新兴产业为主导产业，具备一流的科研与开发能力	是日本著名的生物医药创新基地，聚集了众多的生物医药和高新技术企业，是日本中部地区的科技创新中心之一
新潟物产园（新潟县）	以农产品加工和食品制造为主要产业，提供全方位的农业产业链服务	是日本最大的农业产业园区之一，以农产品加工和食品制造为主要产业，聚集了众多的农业产业相关企业，是日本东北地区的农业产业中心之一

欧洲的产业园区有以下几个特色：

产业链完整：欧洲的产业园区通常包括了从研发到制造再到销售的全产业链，企业之间的合作和协作非常紧密。这种产业链的完整性可以提高企业的生产效率和产品质量，同时也可以降低企业的生产成本。

高度国际化：欧洲的产业园区内的企业通常来自不同的国家和地区，这些企业之间的合作和交流非常频繁，这样可以促进企业之间的文化交流和创新。同时，欧洲的产业园区也吸引了大量的国际投资和贸易，因此成了国际化程度较高的产业园区。

科技创新：欧洲的产业园区注重科技创新，通过引进先进的技术和管理经验，推动园区内企业的科技创新和产品升级。这种科技创新的优势在于可以提高企业的竞争力和扩大市场份额，同时也可以促进产业的升级和转型。

绿色环保：欧洲的产业园区注重绿色环保，通过采用各种环保措施，如节能减排、废物回收利用等，来保护环境和减少对资源的浪费。同时，欧洲的产业园区也非常重视可持续发展，园区内的企业具有较强的环保意识和责任感。

多元化发展：欧洲的产业园区内的企业通常不仅涵盖单一的产业链环节，还涵盖了从研发到销售等多个环节，形成了多元化的产业结构。这种多元化的发展模式可以促进企业之间的合作和交流，以提高企业的综合竞争力。

表1-3 欧洲特色产业园区

产业园区名称	产业特色	行业地位
瑞典科斯塔科技园（瑞典）	以移动通信产业创新为主导的高科技园区，拥有完善的产业链条和孵化机制	在2000年被《连线》杂志评为全球第二大科技园，包括爱立信、诺基亚等大型跨国公司在此设立了生产基地或研发中心
Adlershof科技园（德国）	以政府扶持为发展基础，聚集了众多航空航天和电子科技企业	在1990年因宇航工业的发展而崛起，现在已成为德国最大的科技园区之一
剑桥科技园（英国）	以剑桥大学为依托，以生物医药和信息技术产业为重点发展领域	是英国最大的科技园区之一，拥有众多世界级的高新技术企业，如AstraZeneca、Microsoft等
非尔登软件科技园（法国）	以软件和信息通信技术为重点发展领域，拥有多家知名的软件和互联网企业	欧洲最大的软件和IT服务产业集群之一，吸引了众多国际知名企业的进驻，如IBM、Oracle等
布达佩斯科技园（匈牙利）	以电子和信息技术为重点发展领域，拥有匈牙利最大的科技企业群	是中东欧地区重要的科技创新中心之一，吸引了大量国内外企业的投资
伦敦科技城（英国）	以金融科技和生命科学为重点发展领域，聚集了众多世界领先的金融机构和创新型企业	是英国最大的金融科技产业集群之一，也是欧洲领先的生物医药研发中心之一

美国产业园区的特色主要包括以下几个方面：

高度开放性：美国产业园区通常位于城市中心区域，交通便利。园区鼓励企业之间的开放和合作，通过共享资源和知识来提高企业的生产效率和竞争力。

高度创新性：美国产业园区内的企业通常注重创新和研发，通过引进先进的技术和管理经验,推动企业的科技创新和产品升级。同时,美国产业园区也鼓励企业之间的合作和交流,促进知识的共享和创新成果的转化。

高度国际化:美国产业园区内的企业通常来自不同的国家和地区,这些企业之间的合作和交流非常频繁,可以促进企业之间的文化交流和创新成果的转化。同时,美国产业园区也吸引了大量的国际投资和贸易,成了国际化程度较高的产业园区。

高度市场化:美国产业园区通常实行市场化的运营和管理,政府的干预相对较少,企业可以自主决策和经营,更好地适应市场需求和变化。

高度竞争性:美国产业园区内的企业之间竞争非常激烈,企业需要不断创新和提高自身的竞争力,以在激烈的市场竞争中立足。同时,美国产业园区也吸引了大量的国际投资和贸易,成为全球产业链中的重要一环。

表1-4 美国六大产业园区

产业园区名称	产业特色	行业地位
斯坦福工业园(加利福尼亚州)	为当地高科技企业提供场地、设施和支持服务	世界上最早的科技园区之一,为现代科技园的发展提供了模板
硅谷科技园(加利福尼亚州)	以电子信息产业为主导的高科技产业园区,聚集了众多世界级的高科技企业和研发机构	被誉为全球高科技产业的摇篮,是世界最著名的科技园区之一
三角研究园(北卡罗来纳州)	以生物医药、能源和环境科学等高科技产业为主导,拥有完善的创新链条和资源共享机制	美国最大的生物医药产业基地之一,吸引了大量世界级的科研机构和企业入驻
国家点火装置(NIF)(加利福尼亚州)	以惯性约束核聚变研究为主导,是全球最大、最先进的能源科学研究设施之一	作为全球最大的核聚变研究设施,代表了美国在能源科技领域的最前沿
美国航天航空制造创新中心(俄亥俄州)	以航天航空制造技术为重点,拥有世界级的研发和制造能力	美国政府重点支持的产业园区之一,代表了美国在航天航空制造领域的最前沿
美国国家科学工业园区(加利福尼亚州)	以科技创新和创业孵化为主导,为初创企业提供全方位的支持和服务	美国最大的创业孵化器之一,代表了美国在科技创新和创业孵化领域的最前沿

本章的内容，不仅有助于我们了解产业园区的历史和现状，也让我们更加清晰地认识了产业园区对现代经济的作用。

产业园区是产业聚集和经济发展的重要载体。通过规划和建设，产业园区能够吸引大量企业和资本流入，促进产业聚集和产业链的完善，推动区域经济的快速发展。

产业园区是科技创新和产业升级的重要平台。产业园区内通常集聚了大量优秀企业和技术创新机构，通过共享基础设施、技术支持和人力资源，降低创新成本，提高创新效率，进而推动产业升级和发展。

产业园区是城市化和区域经济发展的重要推动力。产业园区的建设和发展不仅能够促进当地经济的发展，还能够带动周边地区的城市化进程，形成良性循环，推动区域经济的持续发展。

产业园区是改善投资环境和吸引外资的重要手段。通过产业园区的规划和建设，能够改善区域投资环境，吸引外资和技术流入，推动经济发展和国际合作。

产业园区是培养优秀企业和企业家的重要摇篮。产业园区内通常集聚了大量优秀企业和创业团队，通过竞争和学习，能够为企业家提供更多的创业机会和成长空间，培养出更多的优秀企业和企业家。

因此，管理和运营好产业园区也就成为一项重要的使命！

第二章 产业园区运营创新的理论基础

产业园区的成功离不开运营,可以说,运营是产业园区的基础,也是产业园区的核心。产业园区的运营内容十分丰富,运营服务包括政务服务、专业服务、物业管理、企业服务、金融服务、科创服务等全要素服务体系。运营服务的好坏,决定着园区发展的成败。

运营创新对产业园区意味着什么?要搞好园区运营,就必须搞好运营创新,产业园区的运营创新是园区发展的重要方向之一。运营创新主要包括模式创新、服务创新、管理创新等方面,高水平的运营创新可以有效地提高园区的核心竞争力,促进园区的快速发展。

模式创新是指在原有的基础上,通过改变经营模式、管理模式等手段,实现园区的差异化发展。

服务创新是指在提供基本服务的基础上,通过增值服务、专业服务等手段,提高园区的服务水平和质量。

管理创新是指在管理制度、流程等方面进行创新,提高园区的管理效率和管理水平。

第一节 产业园区运营的现状及挑战

从产业园区的发展历程来看,一个产业园区发展不顺利,甚至最终失败,其原因有很多,主要原因有以下几个:

一是定位不清。产业园区定位不明确,缺乏明确的战略规划和发展目标,导致园区在经营管理上缺乏有效的指导和正确的发展方向,无法有效地吸引优秀的企业入驻。位于浙江省温州市的某开发区,在当初创建时,是为了发展高端制造业的。但是,由于定位不准确,该开发区在吸引投资时缺乏明确的方向和目标,导致大量低水平、低效益的企业进入,这些企业不仅无法为当地经济发展做出贡献,反而占用了大量的资源,造成了严重的环境污染和人力资源浪费。

二是缺乏投资。产业园区缺乏足够的投资,无法提供适当的基础设施、服务和其他必要的资源,影响企业在园区的发展和生产。位于贵州省贵阳市某开发区,自成立以来,一直致力于发展电子信息产业。然而,由于缺乏足够的投资,该开发区的基础设施建设缓慢,无法满足当地经济发展的需求。此外,由于资金不足,该开发区在吸引企业投资方面也缺乏优势，无法吸引有实力的大型企业入驻。因此，该开发区在产业培育和升级方面缺乏动力，无法提供足够的就业机会和具有竞争力的薪酬待遇，导致当地人口流失严重。同时，由于开发区的发展缓慢，当地政府也难以实现经济转型升级和区域经济发展的目标。

三是管理不善。产业园区管理不善，无法提供良好的服务，如招商引资、项目管理、配套服务等，缺乏与企业有效沟通的机制，无法及时满足企业需求，进而导致企业离园。位于湖南省长沙市的某开发区，自成立以来，一直致力于发展新能源汽车产业。然而，由于管理不善，该开发区在新能源汽车产业的发展方面缺乏明确的方向和目标，没有形成一个完整的产业链，同时也缺乏龙头企业和知名品牌的引领。因此，该开发区在新能源汽车产业发展方面缺乏动力和优势，无法实现可持续发展。

四是政策支持不足。政府对产业园区的支持力度不足，政策不完善，导致园区无法获得有效的政策支持，企业在园区的发展受到限制。位于广东省深圳市的某开发区，自成立以来，一直致力于发展高端制造业。然而，由于政策支持不足，该开发区在产业升级和发展方面缺乏动力和支持。具体来说，开发区在技术创新、产业扶持、人才引进等方面缺乏明确的政策支持和资金支持，导致区内企业难以升级和转型，从而影响了整个开发区的竞争力。

五是地理位置不佳。产业园区的地理位置不佳，交通不便，企业无法与外界快速连接。位于辽宁省大连市的某开发区，虽然离海边只有短短的距离，但由于位于市区的边缘地带，交通不便，缺乏明显的区位优势。同时，周边的基础设施建设相对滞后，公共交通、医疗、教育等配套服务也跟不上，这给开发区吸引投资和人才带来了困难。

六是产业配套不完善。产业园区的配套产业不完善，如人才储备、技术研发等，无法给企业提供更完整的产业链，进而限制了企业的发展。由于产业配套不完善，广东省汕头市龙湖区某工业园区发展得并不好。该园区因为缺乏基础设施和生活配套设施，企业难以获得足够的支持和服务。此外，该园区还缺乏与周边城市的良好联系，这使得企业难以获得更多的市场机会。

因此，没有良好的运营，产业园区的发展一定会举步维艰，而运营的创新，才是产业园区发展走向正轨的保障。

我们从各地区域经济发展的情况来看，产业园区的发展与当地经济的联系非常紧密，如果产业园区发展不成功，可能会对当地经济产生以下几方面的影响：

就业机会减少：产业园区通常是一个集聚企业和创业者的地方，如果产业园区的发展不成功，可能会导致当地企业和创业者流失，就业机会减少，对当地居民的收入和生活产生负面影响。

投资减少：产业园区的发展通常需要大量的投资，如果产业园区的发展不成功，可能会导致投资减少，限制当地经济的发展，甚至可能会影响当地的经济稳定性。

地方政府财政压力增加：产业园区通常是地方政府的重点项目之一，如果产业园区的发展不成功，可能会导致地方政府的财政收入减少，增加财政压力。

影响地方形象和吸引力：产业园区的发展通常会吸引大量的投资和企业，如果产业园区发展不成功，可能会影响当地的形象和吸引力，从而影响当地的发展和竞争力。

在现代商业世界中，产业园区已经成为越来越受欢迎的商业模式。产业园区不仅为企业提供了一个理想的经营场所，也为企业提供了各种支持和服务。然而，产业园区的成功并不仅仅取决于它的地理位置和基础设施，其运营也是成功的关键因素之一。这就意味着，以运营创新为基础，保障产业园区的发展，是各地园区运营者的重中之重。

园区的运营是保证企业能够顺利发展的核心要素。一个优秀的运营团队能够为企业提供各种支持，帮助企业应对市场变化和需求。一个成功的运营团队还能够协调企业之间的关系，帮助企业更好地协作和共同发展。

在产业园区的运营中，有几个关键因素需要注意。

首先是管理团队。管理团队需要拥有足够的经验和专业知识，能够理解企业的需求并为其提供支持和帮助。

管理团队需要密切关注市场发展趋势和需求，并及时做出调整和改变，这样才能保证园区内的企业始终处于领先地位，并具有强大的竞争力。由此可见，一个优秀的运营团队能够提供各种支持和服务，帮助企业在市场上取得成功。因此，在建设和管理产业园区时，要重视运营团队的建设和管理，确保其能够为企业提供良好的支持和服务。

其次是信息和资源的共享。一个成功的产业园区需要建立起一个信息和资源共享的平台，使企业之间可以互相学习和分享最佳实践经验。

产业园区信息和资源共享可以通过以下方式实现：整合园区资源，优化资源配置，调整园区发展结构，帮助企业拓展发展空间，加快园区产业转型升级；创造园区共享，建立健全园区信息共享机制，实现企业间资源与合作的互通共享，降低园区运营服务成本；驱动园区创新，完善技术创新体系和生态创新体系，推动科技成果转化和产业化。

最后是设施和服务。一个成功的产业园区需要提供各种设施和服务，包括安全、清洁、通信和网络等。

产业园区要进行设施和服务的优化，要完善园区配套设施和服务，提供更丰富的园区管理服务、创新协助服务、拓展收益服务等。在为园区和企业创造更大价值的原则下，提供规范化的物业管理体系、专业化的物业管控流程，以及应急性的处置措施等软性服务。

第二节 产业园区运营的基本概念

上面我们提到，产业园区的成功与否，除了区位、政策等因素之外，运营创新也是决定性的因素之一。科学而有效的运营可以帮助产业园区实现资源整合、服务提升、品牌建设、人才引进等方面的目标，从而提升整个产业园区的竞争力和吸引力。

我们先来看看园区运营的基本概念。

园区运营是以产业投资作为最基本的逻辑，以招商引资作为最核心的任务，通过物业服务、政策服务、产业服务、金融服务、环境营造等手段，为企业（项目）的落地、孵化、培育、壮大提供全生命周期的服务保障，以实现企业和园区共同发展、互利共赢。

具体来说，产业园区运营是指管理和运营产业园区的一系列活动，旨在创造一个有利于企业发展和创新的生态系统。产业园区运营的目标是提供一个具有吸引力和竞争力的商业环境，吸引和支持各种规模的企业在此发展。这些活动包括但不限于以下方面：

设施管理：确保产业园区内的设施，特别是基础设施（如道路、水、电、气等）运行良好，并按时进行维护和更新。

招商引资：积极开展招商引资活动，吸引新企业入驻，并促进现有企业的发展。

服务支持：提供全面的服务和支持，如商务服务、法律咨询、市场推广、人才招聘等，帮助企业在产业园区内顺利运营和发展。

创新孵化：支持创新型企业，提供孵化器、加速器等创新服务，帮助新兴企业快速发展壮大。

社区管理：为企业提供完善的社区管理，包括保安、环境卫生、交通管理等，创造一个宜居、安全的工作和生活环境。

产业园区运营的成功与否，将直接影响到企业的发展和产业园区的竞争力。因此，对于产业园区运营方来说，要充分了解和把握企业的需求和市场发展趋势，不断创新和改进服务，提高产业园区的核心竞争力，才能吸引更多的企业入驻，形成良性的循环发展。

在实际工作中，产业园区的运营，首先，要从资源整合开始。产业园区的资源众多、复杂，需要运营人员对其进行整合，形成更具竞争力的资源优势，以提升园区的吸引力和竞争力。

其次，要全方位进行服务提升。运营人员要对产业园区内的企业提供更加优质、全面的服务，包括配套设施、培训机构、金融机构等，从而提高企业的生产效率和创新能力。

再次，要注重进行品牌建设。运营人员可以通过品牌建设，提升产业园区的知名度和美誉度，让更多的企业和人才了解、认可、选择这个园区，从而吸引更多的资源汇聚到园区。

最后，加强人才引进。运营人员可以通过创造更好的工作和生活环境，吸引更多的优秀人才加入产业园区的企业中，从而提高园区的人才素质和竞争力。

第三节 产业园区运营的意义及运营要点

在我国，产业园区早期一般都是借产业勾地搞开发销售的模式进行产业园区的开发建设和运营，但是随着工业用地价格的上升，加上政府不断进行政策调控，勾地开发模式显示出了它巨大的不足，而反之，园区的运营服务日渐兴起，越来越受到行业的重视。

园区主体的不同，对运营的内容和形态的理解也不尽相同。其中，以写字楼为主体的市场化租赁园区，对运营的一般理解为物业服务和企业常规服务两个维度：物业服务有园区巡逻、保洁、绿化、设备维护、维修等；企业常规服务有人事、企业工商、财税、法务等。

在新的形势下，对于大多数政府主导的园区来说，运营服务有了更多的新形态，被赋予了更新的内涵。除了做好物业及企业服务以外，政府型园区更重要的是要为企业提供全新的产业运营服务，即从企业孵化到成熟的全生命周期的全过程服务，包括产业服务（技术对接、人才对接）、创新服务（技术转移、科技孵化）、金融服务（投融资对接）、政策服务、品牌服务等。这些服务构成了园区新型运营的核心要素，具有更全面的意义，为企业、运营管理者提供了更大的赢利空间。因此，园区的运营创新具有重要的现实意义，具体有以下几点。

一、运营能力是获取项目的非常重要的筹码

政府作为投资主导方，会比较严谨地评判产业运营商的价值，第一是看股东背景，看有没有足够的实力；第二是看招商能力，看有没有足够的资源完成招商任务；第三是看运营服务及运营思路，看有没有丰富的运营经验及创新思路，未来能不能给企业做好服务、解决难题，在运营收益上能不能够给当地带来更多的好处，等等。

二、运营服务的好坏是得到政府支持和招商工作的关键

企业在对园区进行选择时，除了看重位置、价格、物业、配套等硬实力外，对园区以运营服务为核心的软实力也日益看重，因为这决定着企业在入驻后能否有更好的发展。

专业化运营能力能有效提升园区招商的竞争力，通过良好而专业的运营服务，园区的整体形象，包括园区风貌、品牌影响力、企业文化氛围、园区招商的活跃度等，都能得到全面的打造，进而提升政府对园区的满意度，在政府丰富资源的支持下，园区的招商及后续发展也会更顺利。

三、专业运营服务能提高企业的生存能力

很大比例的初创期企业，由于实力不足，拓展市场能力需要时间成长，因而普遍存在业绩波动大、抗风险能力差等问题，特别需要园区的专业服务及政府的政策扶持。另外，只有进园企业发展好了，企业赚钱了，园区才能获取较好的收益，才能实现可持续发展。这在民营园区、委托运营园区中更为关键。

与此同时，园区的专业服务能增强驻园企业的归属感。对于企业来说，如果单纯只提供生产空间，而无法带给企业其他增益，企业会觉得索然无味，得不到发展所需要的帮助，会很容易考虑退出。因此，专业而贴心的运营服务能够将企业的经营与园区绑定，增强企业黏性，增强企业与园区共同发展的信心。

四、专业化运营是提升园区的赢利能力和拓宽园区的"护城河"

园区通过专业化运营，从企业管理、政策申报、人才对接、技术服务、金融服务、知识产权等方面创新服务形态，实时提供企业所需，提高企业的经营效率，同时也获得服务收益，分享园区企业的增长红利，这应该是未来园区经营行业的重要发展方向。

更为重要的是，专业的运营服务，让园区集聚相关产业链、资金链、人才链、政策链、创新链，进而打造出适合企业创新、创业的产业生态，园区的"护城河"也将得到有效的拓宽。

要做好运营服务，必须做好以下四点：

第一，做好园区建设顶层设计，规划先行。

园区运营内容丰富，是一项复杂的工作。因此，要提前构建好周密而专业的园区整体运营方案，找准园区定位、布局功能分区、确定运营模式、树立运营目标、整理资源体系、梳理政策支持，颁布招商引资、创业服务等行动纲领，构建专业而完善的服务体系。

第二，园区的运营服务要覆盖企业成长的全生命周期。

园区招商和运营两者的关系相辅相成，前期园区的品牌打造、营销活动、在线宣传与合作等都是为了更好地服务于招商工作；而后期成功招商，才能真正促进园区的运营。所以选择符合园区产业定位、产品符合市场需求、行业具有创新性的企业入园，是后期运营成功的基础。选准了企业，再提供系统而专业的运营服务，帮助企业快速成长，才能让园区的发展立足于不败之地。

第三，找准企业痛点，提供精准运营服务。

园区提供服务不在多，而在于是否能够满足企业的实际需求，是否能够真正地解决企业的问题和痛点。只有这样，才能获得企业的信任，打牢合作的基础。

第四，找到服务与赢利的平衡点，切忌急功近利。

运营服务覆盖企业成长的全生命周期，是一项长期工作。不要一开始就过度刻意追求赢利，这种跑偏的运营服务容易吓跑企业，不利于园区的长远发展，要善于在与企业的长期合作中找到有效的赢利模式。

第三章　产业园区运营创新的核心要素

从上一章的分析中我们可以看到，做好产业园区的运营具有重要的意义。

从全局来看，产业园区是一个集聚了一定规模的企业和产业链上下游企业的区域，具有集聚效应、创新效应和规模效应等优势。因此，产业园区的运营创新对于推动产业升级、提高产业集聚度、提高企业竞争力和促进经济发展具有重要意义。

从内部来看，产业园区的运营创新可以促进企业集聚和合作。通过在园区内打造良好的服务平台和创新生态环境，可以吸引更多的企业入驻，并在园区内建立合作关系，形成集群效应，提高园区的整体竞争力。

从产业发展来看，产业园区的运营创新可以带动产业升级和转型。通过引进新技术、新产业和新业态，推动传统产业的升级和转型，提高企业的核心竞争力和市场竞争力。同时，也可以培育新兴产业，引领经济发展方向，促进区域经济的健康发展。

产业园区运营的要素可分为产业定位、服务体系、招商体系、团队打造这四个方面。

在具体的运营工作中，精心做好四大核心要素的工作，决定着园区运营的成败。

第一节　产业定位是园区运营工作的基础

园区的产业定位是运营工作的基础，决定着产业园区的发展方向。

一、产业园区运营定位的概念

产业园区运营定位是指为了满足特定目标和需求而制定的园区经营策略和规划。产业园区运营定位需要根据园区所在的行业特点、市场需求、政策支持等多方面因素来确定。其目的是提高园区的竞争力，吸引更多的企业和投资者，促进园区的可持续发展。通常情况下，产业园区运营定位会考虑以下因素：

（一）园区所在的行业特点：产业园区通常会聚集某一行业的企业，如科技园、生物医药园等。因此，需要考虑园区所在行业的发展趋势、企业需求等因素。

（二）市场需求：产业园区需要满足市场需求，如提供优质的物业服务、配套设施、人才资源等。

（三）政策支持：政府部门通常会为产业园区提供政策支持，如税收减免、用地优惠等。因此，需要考虑政策支持对园区运营的影响。

（四）产业链布局：产业园区需要考虑企业之间的协同发展，通常会在园区内布局产业链的各个环节，以促进企业之间的互动与合作。

二、产业园区运营定位的方法

产业园区的运营定位需要考虑多方面因素，包括地理位置、产业特点、政策支持、人才资源、资金等。

（一）地理位置：产业园区的地理位置对于其运营定位至关重要。地理位置的优劣将直接影响园区的资源获取、市场需求、物流等方面。需要根据所处地理位置，考虑区域经济、城市产业结构、市场前景等因素，确定园区的运营定位。

（二）产业特点：产业园区的定位应该根据所属的产业特点进行，以便更好地满足市场需求和政府规划。需要考虑园区所处的产业链、技术水平、市场前景等因素，从而确定园区的产业定位。

（三）政策支持：政策支持是产业园区运营成功的重要因素之一。需要考虑政府对产业园区的政策支持程度、税收政策、投资环境等因素，以便更好地制定园区的运营策略。

（四）人才资源：人才资源是产业园区成功运营的关键因素。需要考虑当地的人才资源、教育背景、培训机会等因素，从而确定园区的人才战略，吸引更多高素质的人才进驻园区。

（五）资金：资金是产业园区运营的重要保障。需要考虑园区的资金来源、融资方式、运营成本等因素，从而制定园区的资金策略，确保园区能够稳定、健康地发展。

基于以上因素，产业园区可以确定不同的运营定位，如产业聚集型园区、科技孵化器、特色小镇等。确定园区的运营定位，将有助于园区更好地满足市场需求，提升核心竞争力，推动园区健康、可持续发展。

国内五个产业园区的特色定位

园区名称	特色定位	运营突破
上海 M50 创意园	将废弃的棉纺厂转型为艺术创意产业园区，重点发展当代艺术、创意设计等产业	通过引入国内外知名当代艺术家和创意设计人才，打造了独特的艺术创意产业生态，同时与周边社区深度互动，实现了园区的可持续发展

续表

园区名称	特色定位	运营突破
深圳华侨城创意文化园	将华侨城文化与创意产业相结合，提供文化展览、艺术表演、文化交流等服务	通过将文化创意与旅游景区联动，形成了文化创意和旅游休闲相互促进的运营模式，增强了园区的品牌影响力和市场竞争力
北京798艺术区	将废弃的工厂转化为当代艺术和创意设计的聚集地，主要面向艺术家和创意设计人才	通过扶持和孵化当代艺术家和创意设计人才，打造了独特的艺术和创意产业生态，同时与北京市其他文化景点联动，实现了文化和旅游的有机结合
杭州梦想小镇	以互联网创业和创新为主题，为创业者提供工作空间、投资机会、培训和交流平台等全方位服务	通过搭建完善的创业生态系统和投资平台，吸引了大量的互联网创业者和投资者，形成了互联网产业集聚和发展格局
无锡中关村软件园	定位于软件研发及相关IT服务产业聚集地及第三方公共服务平台和高新技术成果转化基地的软件园	通过优质的办公场所和服务，以及完善的产业链、创新链和价值链，吸引了大量的软件研发及相关IT服务企业入驻

三、制定园区运营定位策略和实施方案的步骤

（一）定义园区目标和愿景：明确园区的发展目标、未来愿景以及园区所要服务的人群和产业，为后续的决策提供指导。

（二）进行市场调研：了解当前市场上同类型园区的情况，对比自己的优劣势，了解潜在客户的需求和行为习惯等，为后续制定定位策略提供依据。

（三）制定园区运营定位策略：根据前两步的调研结果，制订园区运营的目标市场、核心价值、差异化定位等，明确园区运营的发展方向和战略，为后续制订实施方案提供指导。

（四）制订实施方案：根据园区运营定位策略，制订实施方案，包括推广方案、营销策略、服务内容和质量等，同时要考虑资源的配备、团队的构建和组织管理等方面。

（五）实施并不断调整：实施方案后，需要对执行情况进行监测和评估，并不断调整和优化，以保证园区运营的顺利进行。

总之，制定园区运营定位策略和实施方案需要进行充分的调研和分析，同时要根据实际情况不断调整和优化，以适应市场和用户的需求变化。

第二节　服务体系是产业园区发展的关键

应该如何打造先进的园区服务体系呢？

形象一点儿地说，运营团队绝对不能把自己仅仅定位为只收房租的房东，还应该是善解人意、服务周到的保姆。一定要创新服务理念，给企业提供更多有价值的服务，通过服务团队的自身建设，把团队变成具有高度专业能力的运营团队，用专业的人做专业的事。要根据园区企业的需要，建立完善的服务体系，包括物业服务体系、人力资源服务体系、投融资顾问服务、资产证券化服务、上市辅导服务、战略咨询服务、并购重组服务等，在服务的广度和深度上真正满足企业的需求。

按照服务要素，产业园区的服务体系分为五大类：人才服务、物业服务、技术创新、金融资本、智慧信息。服务体系涵盖园区企业所需的配套设施、科技金融、政策支持、信息管理等完善、便利、安全的服务，形成一个立体的多层次完整创新服务体系。

一、人才服务体系

园区企业对人力资源具有较高的需求，人力资源服务为园区提供了源源不断的高素质人才，以及人才培训、资源配套等服务，以满足人才入驻需求，为企业提供专业的运营服务。

产业园区人才服务体系的核心要素包括以下几点：

（一）人才政策：包括人才引进、培养、使用、激励等方面的政策措施，是吸引和留住人才的关键。

（二）人才服务：为人才提供全方位的服务，包括职业规划、就业指导、法律咨询等，帮助人才解决各种问题，使其能够全身心投入工作。

（三）人才培养：通过培训、实践等方式，提升人才的技能和知识水平，以满足企业和行业的需求。

（四）人才评价：建立科学的人才评价机制，对人才的素质、能力、业绩等进行全面评价，为人才的选拔和使用提供依据。

（五）人才流动：构建开放的人才流动机制，使人才能够在不同企业、不同领域自由流动，促进人才的经验交流和专业技能的提升。

（六）公共服务：提供优质的居住环境、医疗保障、子女教育等公共服务，以吸引并留住人才。

以上要素是产业园区人才服务体系的核心。通过优化这些要素，可以吸引更多高素质人才流入产业园区，提升产业园区的人才竞争力和综合实力。

二、物业服务体系

物业服务指在园区内为企业所需提供各类的服务，包含安防、网络通信、公共设备设施、绿化等安全、便利、舒适的服务，为园区企业提供更好的工作与生活环境。物业服务是这一完整服务体系中不可缺少的一环。

构建产业园区物业服务体系可以从以下六个方面着手：

（一）设施设备管理：产业园区物业服务体系的核心是设施设备的管理和维护。要确保园区内的设施设备齐全、完好，满足园区的生产和生活需求。同时，要建立完善的维护和保养制度，对设施设备进行定期检查和维修，确保设备的正常运行。

（二）安全管理：产业园区是一个相对封闭的管理区域，安全管理至关重要。要建立健全的安全管理制度，加强安全巡查和防范，确保园区内的安全秩序。同时，要加强安全宣传和教育，增强园区员工的安全意识并提升自我保护能力。

（三）环境卫生管理：产业园区内的环境卫生直接影响到员工的生活质量和工作环境。要建立完善的环境卫生管理制度，保持园区的清洁和整洁，同时加强垃圾分类和回收利用，推动园区的可持续发展。

（四）服务质量：产业园区物业服务体系的服务质量直接关系到园区的整体形象和员工的工作满意度。要提高服务人员的专业素质和服务能力，建立健全的服务质量标准和考核体系，确保服务质量稳定提升。

（五）信息化管理：随着科技的发展，信息化管理已经成为产业园区物业服务的重要手段。要建立完善的信息化管理系统，实现物业服务的智能化和高效化，提高服务质量和效率。

（六）协作与沟通：产业园区物业服务体系涉及多个部门和环节，协作与沟通至关重要。要建立有效的沟通机制，加强部门间的协作和配合，形成合力，提高物业服务体系的整体效能。

通过解决以上问题，产业园区可以建立起稳定、高效的物业服务体系，为园区的生产和生活提供有力保障，推动园区的可持续发展。

三、技术创新服务体系

技术创新服务体系为园区企业提供丰富的技术成果、完善的科技创新服务，推动企业与企业之间合作共赢，构建协同创新的产业生态体系，培育优质创新项目。

产业园区技术创新服务体系的核心要素包括以下几点：

（一）创新团队：组建具备多种背景和技能的研发团队，包括科研人员、工程师、市场营销人员等，提供全方位的技术创新支持。

（二）技术创新平台：建立技术创新平台，包括研发实验室、中试基地、技术转移中心等，提供技术研发、成果转化、知识产权保护等服务。

（三）创新政策：制定科技创新政策，鼓励企业加大技术创新投入，提高技术研发水平，同时为企业提供政策优惠和扶持。

（四）产学研合作：加强与高校、科研机构等紧密合作，推动产学研一体化，促进科技创新和产业发展的深度融合。

（五）创新文化：营造创新创业的文化氛围，鼓励园区企业进行技术创新和模式创新，推动产业园区整体创新能力的提升。

以上要素是产业园区技术创新服务体系的核心。通过优化这些要素，可以促进园区企业的技术创新和产业升级，从而提升产业园区的技术竞争力和综合实力。

四、金融资本服务体系

产业园区金融资本服务体系是指为产业园区内的企业提供全面金融服务的一系列机构、政策和制度的总称。这个服务体系的目的是帮助企业解决融资难题，促进企业发展，同时提高园区整体的经济活力。

产业园区金融资本服务体系的核心要素包括以下几点：

（一）金融服务机构：引入各类金融服务机构，如银行、证券公司、风险投资机构等，为企业提供全面的金融服务，包括投融资、信贷业务、投行业务等。

（二）金融政策：制定金融政策，如税收优惠、财政补贴、贷款优惠等，以鼓励企业进行融资和发展，同时为企业提供政策优惠和扶持。

（三）金融创新：推动金融创新，开发符合园区企业需求的金融产品和服务，如科技保险、知识产权质押等，满足企业的不同融资需求。

（四）金融风险管理：建立金融风险管理机制，包括信用评估、风险控制、资产管理等，帮助企业有效降低金融风险。

（五）资本运作：推动资本运作，包括上市融资、私募股权、并购重组等，帮助企业实现资本扩张和产业整合。

以上要素是产业园区金融资本服务体系的核心。通过优化这些要素，可以为企业提供全方位的金融服务，满足不同企业的不同融资需求，同时提高企业的融资效率和降低融资成本。

五、智慧信息管理服务

产业园区智慧信息管理服务体系是一种综合性的服务体系，旨在为园区企业提供高效、便捷、智慧化的信息服务。该体系主要包括以下几个方面：

（一）智慧园区大脑：这是园区智慧化的核心，通过大数据、人工智能等技术的应用，实现对园区的全面感知、分析、决策和智能化管理。

（二）园区信息管理平台：该平台是智慧园区大脑的支撑系统，负责收集、处理、存储和管理园区内的各类信息，包括企业信息、人员信息、物流信息、设备信息等。

（三）园区智能化管理系统：该系统基于物联网技术，实现对园区内各类设备的远程监控和管理，提高设备运行效率和管理水平。

（四）园区可视化系统：通过三维建模、虚拟现实等技术，将园区内的建筑、环境、设备等以可视化的方式呈现，方便管理人员进行决策和调度。

（五）园区智能卡系统：该系统采用智能卡技术，为园区内的人员提供身份识别、门禁控制、消费支付等功能，以提高安全管理水平。

（六）园区智能物流系统：该系统通过智能化、可视化的手段，实现园区内物流信息的共享和协同，提高物流效率和便捷性。

（七）园区智慧环境监测系统：该系统通过对园区内环境参数的实时监测和数据分析，为园区企业提供环境控制和节能减排的建议和方案。

产业园区智慧信息管理服务体系的目标是通过智能化、信息化手段，提高园区的管理效率、服务水平和可持续发展能力，为园区企业创造更好的发展环境。

除了上述常规的园区服务体系，随着产业园区的不断发展，其运营服务也出现了新的趋势。

我们首先来看一下园区产业运营服务出现的新趋势。

第一，从纯产业开发到产城融合，更加注重人的服务。

在产业园区发展的初期，园区以开发产业为己任，位置大多在城市的周边区域，主要承载产业发展的职能。如今的园区，在承担生产的同时，更多需要融入城市生活的功能，实现真正意义上的产城融合。这就意味着，园区的发展和运营，要以人的需求为核心，更加注重人的服务，需要尽可能地构建场景化的商业服务功能；与此同时，随着中国城市化进程的加速，城市的生活、商业功能与产业功能的融合也日趋紧密，这给园区的服务体系打造留下了广阔的空间。

第二，从企业级服务到产业级服务，更加重视行业整体服务。

这是两种思维、两种格局的差别，能否进化成功，直接呈现运营团队的专业能力与整合能力。从单一性的企业资源，到整体产业资源，都是产业园区需要盘活的最核心资产，相对应的是，企业服务和产业服务的好坏，决定了产业园区运营竞争的成败。因此运营团队首先要打破园区地理空间的束缚，从产业链出发，整合相关产业资源，提升产业的聚集度和辐射力；另外，要树立产业思维，建设产业公共服务平台，大力培育创新型产业，全力推动驱动型产业，推动园区产业集群化发展。

第三，从资产管理到创新空间运营，更加重视新业态服务。

在中国，资产类收益是绝大多数产业园区的收入支柱，园区服务主要是资产出租和设备设施维护，这种"瓦片"型经济让许多园区运营简单化，缺少成长空间。未来的园区，以空间共享、复合功能为特点的新型创新空间将会大量涌现，运营的方式和手段将会大大丰富，能在很大程度上提升园区资产的整体价值。这就要求园区运营者在做好基础资产管理的同时，打造出色的创新空间和提高创新业态运营服务能力。

其次，我们再来看一下运营服务体系的升级方向。

第一，园区联动，互联创造价值。

园区单打独斗的时代已经过去，园区之间的合作，能够有效拓展市场空间，使园区互联创造更大的价值。通过互联全国多区域园区，为双方园区以及园区企业带来更大的业务发展空间，这样一个在更大范围，具有广阔发展空间和高效合作的平台，对企业的吸引力是不言而喻的。

第二，深耕细作，向纵深发力。

园区立足自身资源优势，主动整合相关产业资源，包括技术、人才、资本等，延伸上下游产业链，为入驻企业提供产业支持和配套服务的现实基础，从中挖掘附加值更高、技术含量更强的产业发展方向。根据市场需求和园区自身情况，对主导产业进行优化和调整，包括引入新的技术和产品、优化生产流程、提高产品质量等，以提升主导产业的竞争力和市场影响力。通过精耕细作园区的主导产业，赋能园区企业的升级和收益提升，形成吸引产业内企业入驻的核心优势。

最后，我们来看运营服务体系需要做哪些升级提升。

第一，规划升级。

需要结合升级发展的目标和自身团队的能力现状，制订有针对性的升级规划。这应包括内部团队建设，以及与外部专业团队的联合运营等，使园区能够在内外部融合升级中逐步迭代，成功打造产业赋能的核心竞争力。

第二，服务升级。

这包括赋能服务产品化、产品平台化、赋能生态化、价值共创化。通过帮助园区打造整合产业赋能多方专业资源的能力，构建产业赋能生态，打造与产业生态中的企业联合创新实现升级的服务新模式。

第三，建立和升级产业生态圈。

以企业为主体，构建涵盖园区服务商、政府、金融机构等的产业生态圈，实现资源共享、信息共享、知识共享，推动产业发展的良性循环。

第四，运营创新升级。

以园区内企业和市场需求为导向，推动运营服务的个性化和精细化，通过集成各类服务资源，提供方便、全面、高效的相关运营服务，提高资源利用效率，加强企业信息共享，达到服务需求者、供给者、园区开发商三者共赢的结果。

第三节 招商体系是产业园区发展的重中之重

招商体系是产业园区发展的重要组成部分,是产业园区发展的重中之重,因为产业招商工作是产业园区运营的关键环节,直接决定着产业园区发展的命运。作为园区工作的重中之重,产业招商落地工作是一项复合型工程,要求的并不单单是招商人员自身的招商能力与资源,还是在园区整体运营体系下包括招商、企业服务、政策、产业服务、园区品牌等多维因素复合作用下的结果。

园区招商体系包括项目定位、客群定位、招商策略、推广渠道和服务体系。其中,项目定位是指园区的产业定位,即园区的主要产业方向;客群定位是指园区的目标客户群体,即园区主要服务的企业类型;招商策略是指园区在招商过程中采取的策略,包括政策优惠、服务等;推广渠道是指园区在推广过程中采用的渠道,包括网络推广、展会等;服务体系是指园区为企业提供的各种服务,包括政策咨询、人才引进等。

园区招商是系统性工作,产业定位、招商策略、客户洽谈、执行管理,环环相扣,缺一不可。所以,产业园区只有构建合理的招商体系,才能从根本上解决招商难题。

产业定位是招商的前置工作,通过科学地分析研判,产业园区可以确定产业招商方向,提升招商成功率。

打造产业园区的招商体系需要按照以下步骤进行:

一、明确产业定位

对自身资源与优势、产业发展背景、市场竞争进行分析,明确产业定位以及招商目标,从而提高招商成功率。

主导产业的确定要综合考虑三个要素:政府意志、区域资源禀赋和拟选定产业市场情况。要事先梳理当地近三年的产业政策、人才政策制定和执行情况,了解干什么项目获得的政府支持最大,最能直接受益,并积极与当地分管园区、产业、土地相关领导沟通交流,尽可能争取政府支持。

在征得政府意见后,一定要认真梳理当地的优势资源,在符合发展定位和政策导向的前提下,选择与周边区域中心城市有差异化的、与当地资源禀赋相契合的、政策环境和生活环境对相关人才有吸引力的优质产业。

另外，还要委派专业机构对拟选定产业进行调研分析。已属于成熟期后期或衰退期的行业、空有概念和短时间内无法量产的行业、缺乏完整商业逻辑的行业，即使吹得天花乱坠，也要坚决剔除。

二、进行客群分析

针对目标客户进行需求分析，挖掘客户的刚性需求点，并对客户来源进行定位，能确切地确定客户的来源渠道，从而有效地制订招商方案。

园区招商客群分析方法：划定目标客户范围，收集潜在客户资料，根据数据库对潜在客户进行分类，熟悉潜在客户的需求并及时跟进。其中，划定目标客户范围是指根据园区的定位、市场情况及经验，划定一个大概的客户范围；收集潜在客户资料是指通过各种渠道收集重点可开发客户的资料；根据数据库对潜在客户进行分类是指招商人员通过各方面的了解进行筛选，选出园区的潜在客户，少走弯路，对潜在目标客户要认真分析，找到客户的需求点；熟悉潜在客户的需求并及时跟进是指对有投资选址需要且符合园区规划的企业，要及时跟进。

三、拟定招商策略

拟定在招商前中后期的招商策略、推广重点，以及了解每个阶段的招商策略与渠道，并对不同阶段的策略制订具体的执行计划，明确阶段工作与目标。

产业园区招商策略的拟定方法有很多，以下是一些常见的方法：

（一）制订产业园区招商运营方案。按时间轴可分为：开发前期招商、园区建成招商、产业阶段招商、产业发展招商。

（二）通过"产业、平台、资金"的有机结合，形成园区招商生态链，形成行业、企业、金融资本共同参与招商的格局。

（三）利用园区资源，以商带商，积极挖掘产业链招商。

（四）利用一个上规模主体生产企业的落户，制定合理的优惠政策，吸引配套企业就近落户生产配套产品，延伸产业链。

（五）通过行业协会会议、论坛等专业性场合进行推介，提高项目知名度。

四、制定优惠政策

优惠政策是企业入驻的原始动力之一，也是招商工作的重要"筹码"。制定招商优惠政策，需要遵循四个原则：

（一）合理性。制定政策绝不是简单地拍拍脑袋，而是对制定者专业水平与政策水平的考验，一项好的政策能够出台，都是依靠周密的调研与详细的论证，既能符合现行政策体系及规则，又要有针对性创新，能够精准地匹配企业的真正需求。

（二）差异化。因城施策、因企施策，一城一策、一企一策，园区可以根据入驻企业的实际情况，制定差异化优惠政策。例如，对于规模较大、技术含量较高的企业，可以给予税收优惠、租金减免等政策支持；对于初创企业，可以提供免费办公场地、创业培训等服务。此外，园区还可以通过与企业签订长期合作协议、提供技术支持等方式，为企业提供更多的扶持和帮助。

园区为入驻企业制定差异化优惠政策时，可以参考以下步骤：

设定条件：为了确定哪些企业可以享受优惠政策，需要设定一些条件。这些条件可以包括企业的规模、类型、行业、创新能力等。

确定优惠力度：优惠力度应该根据企业的具体情况进行调整。对于发展潜力大、技术含量高的企业，可以提供更大的优惠。而对于发展初期、需要更多支持的企业，可以提供更多的补贴。

制定差异化政策：根据企业的特点和发展阶段，还可以制定一些差异化政策。例如，对于高科技企业，可以提供更多的研发资金和技术支持；对于需要扩大规模的企业，可以提供更多的土地和资金支持。

定期评估和调整：优惠政策实施后，需要定期评估其效果。如果某些政策没有达到预期效果，就可以进行调整或取消。如果某些政策效果良好，就可以继续或扩大实施。

提高政策透明度：为了让企业更好地了解和利用优惠政策，需要提高政策的透明度。可以通过网站、宣传册等方式向企业宣传优惠政策，让企业了解自己的权益和义务。

总的来说，制定差异化优惠政策需要根据企业的实际情况和园区的实际情况进行综合考虑，以达到促进企业发展、提高园区整体竞争力的目的。

（三）灵活性。除了常规的优惠政策，还可以制定一套灵活的政策制定机制，用于快速响应企业的需求和园区的发展需要。在政策制定过程中，可以邀请企业代表参与，听取企业的意见和建议，确保政策的针对性和可行性。比如，园区可以与政府提前约定，可以实行重大事项"一事一议",这样能够在企业发展的关键节点给予重点的帮助。

(四)全面性。为了给企业提供全面的政策服务,园区可以采取以下措施:

建立政策服务部门:设立专门的政策服务部门,负责研究、解读、宣传和落实各项政策,为企业提供政策咨询、指导和服务。

汇编政策手册:将各类政策进行汇编,形成政策手册,方便企业查阅和了解。同时,在手册中提供政策服务部门的联系方式,以便企业随时咨询。

定期举办政策宣讲会:邀请政府部门的相关负责人或专业人士定期举办政策宣讲会,向企业详细解读各项政策,帮助企业了解政策的申请条件、流程、支持方式和注意事项等。

提供一对一咨询辅导:针对企业的具体情况,提供一对一的咨询辅导服务,帮助企业了解各项政策的具体内容,指导企业申请政策支持和项目申报。

定期评估和调整政策:对实施的政策进行定期评估,根据评估结果进行调整或优化。同时,及时关注政策变化,随时调整服务策略,确保企业能够及时享受到最新的政策支持。

加强园区与企业之间的互动:通过举办座谈会、调研走访等方式,加强园区与企业之间的互动,及时了解企业的需求和困难,提供有针对性的政策服务。

五、做好招商推广

(一)建立招商数据库,收集并整理有关企业和投资者的信息。通过分析数据,可以更好地了解投资者的需求和关注点,从而更精准地推荐投资项目和招商政策。

(二)创新宣传方式。在互联网高度普及的今天,可以通过各种创新的宣传方式进行招商推广。例如,利用虚拟现实技术、增强现实技术等,制作宣传视频或展示方案,让投资者通过多媒体形式深入了解园区。

(三)发挥"链"思维。产业园区要梳理产业链上下游企业,以及相关企业之间的关系,发挥"链"思维,打造产业生态圈。通过提供完善的产业链配套服务,产业园区可招引更多的企业入驻,形成产业聚集效应。

六、建好招商团队

园区招商团队的建设包括建立组织架构、制定部门岗位人员编制、明确各部门人员的职责,通过有效地分工与合作,园区招商团队能组织内部人员协同作业,圆满完成招商引资任务。

以下是一些建立优秀招商团队的建议：

（一）招商团队要具备敏锐捕捉信息的嗅觉，在具体招商过程中，捕捉项目信息至关重要，对信息的分类和筛选上要学会广泛对待、重点处理，对有价值的信息要做到凭感觉就能够判断是否符合本地区的产业发展要求。

（二）招商团队要广交朋友，从某种程度上说，招商的过程就是一个交朋友的过程、一个沟通的过程。

（三）专业招商要突出一个"专"字，我们应该对招商进行区域和产业的领域划分，同时，发挥每个招商人员个体的特长和业务专长。

（四）园区招商人员要具备基本的素质和涵养，一是要把招商这项工作作为一项事业来做，二是要有执着不悔、敢于亮剑和永不言败的精神。

（五）专业招商人员要做到知己知彼，能用现代手段做好招商信息的收集和分析。

（六）园区招商要做好后期服务。招到了商只是成功的第一步，能够让项目顺利落地才是招商的真正成功。

那么，如何全面提高园区的招商能力呢？园区应该如何利用好手中的牌，让招商项目真正落地？

第一，招商团队要充分利用好园区的区位优势吸引力。

在招商中，大多数人都不会说自己的区位不好，但是究竟怎么好，很多招商团队都没有研究透，可以说是一知半解。

因此，在向企业进行区位优势推介时，招商人员需要巧妙利用好"扬长避短"的策略，要懂得如何把优势说得到位，又如何把弱点淡化。

区位优势是指在一定地理空间范围内的经济、政治、文化等有利条件和优势地位。我们平常所说的广义上的区位优势，一般是指交通条件好的区域城市中心，比如"京津冀""长三角""大湾区"等，这些区域都是交通枢纽，物流、资金流、信息流密集，国家产业政策自然会重点支持，因而产业很容易自发集聚，招商也相对容易。

但大多数的内陆城市并没有这样的优势，因此招商团队这个时候就要懂得"扬长避短"，尝试换一个角度，把自身园区的资源独特性优势凸显出来、强化起来，突出园区的特色资源和优势地位。因此招商团队需要了解市场需求和投资者关注点，以便更有针对性地提炼园区的独特资源优势。例如，如果投资者更关注特色产业和优势产业，那么招商团队就可以重点介绍园区的产业优势和资源独特性。比如，本地资源优势是原材料供应，那么企业到这里来，就能够吃到原材料供应的红利，大量节省物流费用，降低采购成本。具体来说，比如金属加工企业高度依赖原材料和能源，所以原材料供应地恰恰就是它渴求的"区位优势"。如果园区拥有独特的自然资源和文化资源，或者在某些领域具有独特的科研和技术优势，那么招商团队就可以重点介绍这些优势。同时招商人员也需要合理应对不足和劣势，例如，如果园区内某些资源有限或者某些产业不够成熟，但是具有巨大的发展潜力和市场前景，那么招商团队就可以重点介绍园区的未来发展和潜力优势，以弥补目前的不足。在展示区位优势时，建议使用数据、图表、案例等具有说服力的资料，让潜在投资者、企业能够更直观地了解园区的优势。同时，要与潜在投资者、企业进行沟通，了解他们的需求和关注点，有针对性地展示园区的优势。

第二，招商人员要充分展示好营商环境对投资者的吸引力。

在招商政策和招商条件同质化严重的背景下，招商竞争已经不是单纯那么激烈了，这个时候，硬条件难分伯仲，我们所说的软条件——营商环境就成了企业投资非常关键的考量。可以说，哪里的营商环境好，哪里吸引的企业就多。

招商人员介绍园区的营商环境时，需要注意以下几个方面：

1. 简单明了：用简单明了的语言介绍园区的营商环境，突出重点，让投资者一听就能明白。避免使用专业术语或复杂措辞，以免让投资者感到困惑。

2. 具体实例：用具体实例来介绍园区的营商环境，比如介绍成功的投资项目、优质的入驻企业、良好的产业链配套等。这些实例能够让投资者更加了解园区的优势和吸引力。

3. 以投资者为中心：从投资者的角度出发，了解他们的需求和关注点，针对性地介绍园区的营商环境。例如，如果投资者更关注政策支持和市场前景，可以重点介绍园区的政策优惠和市场优势。

4. 引导体验：邀请投资者参观园区，亲身体验园区的营商环境和配套服务。通过实地考察，投资者能够更加深入地了解园区的优势和吸引力。

5. 专业可信：使用专业可信的数据和统计信息来支持介绍。例如，引用权威机构发布的评估报告、统计数据等，证明园区的营商环境优势。

6. 互动交流：在介绍过程中，与投资者进行互动交流，了解他们的关切点并回答他们的疑问。这能够增加投资者对园区的信任和好感度。

最后，一定要强调长期价值，满足投资者长期投资的安全感、未来的发展潜力等。这能够让投资者看到园区的长远发展和投资机会。

第三，要推介好本地的产业竞争优势，展现本地的产业基础吸引力。

在投资时，企业非常看重地方的产业基础，比如企业会问当地的GDP水平、代表产业、园区规模和赢利能力等。因为这方面的数据能够透露出一座城市、一个园区的综合实力。而这种综合实力，是企业开办成功的强力支撑，决定了企业能够走得多远，能够做得多大，一句话，就是能够给企业多大的信心！

这个时候，招商人员推介本地的产业竞争优势就显得至关重要。那么，怎么样能介绍得更好呢？

1. 充分了解产业集群：了解当地的产业集群情况，包括主导产业、企业规模、产业链完善程度等，以便更好地向目标企业推介当地的产业集群优势。

2. 在介绍时，招商人员要重点推介当地的优势产业集群，包括主导产业优势、产业链龙头企业、配套企业、产业平台、发展潜力等。要强调当地产业集群的规模效应，包括但不限于降低企业采购成本、提高生产效率、共享资源等。这些优势能够提高企业的竞争力，降低企业的运营成本。

3. 介绍协同创新：介绍当地企业之间的协同创新机制，包括技术合作、资源共享、联合研发等。这些合作机制能够促进企业之间的技术交流和合作，提高企业的创新能力和市场竞争力。

4. 强调品牌效应：强调当地产业集群的品牌效应，包括但不限于提高产品知名度和市场占有率、扩大企业影响力等。这些优势能够帮助企业在市场中树立良好的形象，建立良好的口碑。

第四，要清楚地展示本地土地价值吸引力，明确释放土地政策利好。

我们都知道，很长一段时期以来，以低价土地招商吸引投资，已经成为很多地方政府，尤其是一些欠发达地区的杀手锏。

如果是单纯一次性出让产业用地，政府收取的是土地出让金及税费，从招商的角度来说，对企业毫无吸引力；对政府来说，这一次性收益也不是重点。为了招到优质核心企业，地方政府甚至愿意无偿供地或者提供各种优惠政策，因为企业投资经营所带来的长期回报，如税收、产值、带动就业等，不仅能够带来远超单纯出让土地的收益，而且能够让地方经济持续发展，这才是土地招商的核心价值所在。也就是说，园区在招商时，要时刻牢记园区作为产业发展的主平台、主阵地，以及承载着产业经济高质量发展的重任，既要算好项目经营的小账，更要算好地方宏观经济的大账。

下面是一些巧妙利用土地价值招商的具体办法。

1. 差异化定价：根据企业规模、产业类型和需求，对土地实行差异化定价。对大型企业或具有特殊产业需求的企业，可以给予一定的价格优惠，以吸引其入驻。

2. 搭配销售：将不同位置、不同大小的土地搭配销售，以满足不同企业的需求。搭配销售可以降低土地的总成本，提高土地的吸引力。

3. 共同开发：与目标企业共同开发土地，分享收益。这样可以降低企业的投资风险，提高土地的价值和吸引力。

4. 提供配套服务：在土地出让的同时，提供配套服务，例如基础设施建设、政策咨询、技术支持等。这样可以提高土地的附加值，降低企业的投资成本。

5. 用创新供地方式、分期缴纳土地出让金等方式，提升企业用地便利性，降低企业用地成本；出台相关政策，鼓励现有产业园区进行提质扩容，可以是厂房加层、"零土地"技改或整治改造等方式；在有条件的地方，引导工业企业"上楼"，对主动"上楼"的企业在租金上给予补贴；等等。

第五，招商活不活，政策来保障。但现实中的问题是，各地都想放大招，招商政策同质化严重，因此，如何介绍好政策、用好政策才是成功的关键。

我们先来看看园区在招商政策的使用方面存在的一些问题：

1. 服务不细致，招商人员常常只是提示有政策可以报，却没有细致的流程和服务让企业尽快弄清有无申报资格、应该如何申报。

2. 优惠政策雷同多，缺乏地区特色，导致产业园区之间的低层次重复竞争，政策优惠在招商引资方面没有发挥出应有的效用。

3. 政策碎片化，由于出台时间不一，颁布文件不同，缺乏梳理整合，有的政策甚至互相矛盾，企业不容易理解，协调政策使用也非常麻烦，最后导致企业放弃申报，没有起到应有的效果。

4. 有的地方政策经常变动，导致企业和投资者失去信心，影响园区的招商引资效果。

那么，如何在招商中提高政策对企业的吸引力，达成招商效果呢？

1. 设计政策时从企业需求的角度出发，做好调研，杜绝拍脑袋决策。

2. 推介政策时，要让企业看得懂、听得明、理得清，不要泛泛而谈大而空，而且所出台的政策一定要确保能够落地执行。

3. 做好政策的梳理，要用足用好已经颁布的政策。事实上，为了发展产业，我们国家以及省、市层面都已经发布大量针对企业的扶持政策，但这些政策如果不经整合梳理，不做细致引导，企业不知道，就很难用上。因此，招商团队应结合招商项目及园区情况，重点整合梳理国家、省、市层面发布的相关财政补贴、税收优惠、人才引进、金融服务、科技认定、知识产权资助、项目扶持等政策，形成一份完整的优惠政策清单，分析优惠政策适用范围，梳理执行流程并形成政策操作办法推介给企业，让企业在用上丰富的政策套餐的同时，感受到招商团队的诚意和用心，这绝对是一个加分项。

4. 招商时做好针对性。可以考虑以下方法：

了解目标企业：了解目标企业的行业、规模、需求等情况，根据不同企业的特点，有针对性地介绍不同的政策。例如，对于高新技术企业，可以重点介绍有关研发、创新、科技人才等方面的政策；对于出口型企业，可以重点介绍有关出口退税、国际物流等方面的政策。

确定关键人员：在目标企业中，确定对政策感兴趣的关键人员，如总经理、财务负责人、政策研究部门负责人等，针对这些人的关注点和需求，重点介绍相关的政策。

制作个性化资料：根据不同企业的特点和需求，制作个性化的政策介绍资料，包括PPT、手册、视频等，重点突出与该企业相关的政策内容，提高政策的针对性和吸引力。

面对面沟通：在招商活动中，通过与目标企业代表面对面沟通，了解其需求和问题，针对性地介绍相关政策，并解答疑问，提高政策的针对性和有效性。

另外，招商团队也要梳理出园区加强金融支持、配套保障、成本优势、人才保障等方面的针对性优势，全方位地提升园区的招商吸引力。

第四节　团队打造是产业园区运营的驱动力

团队是园区运营的决定性因素,也是园区运营的真正驱动力,原因有以下几点:

团队成员的专业能力和经验对于园区的运营至关重要。园区的成功需要依赖于各种专业领域的知识和技能,包括招商引资、物业管理、公共服务、人力资源管理等。一个优秀的团队可以更好地发挥这些专业能力和经验,从而有效地推动园区的整体发展。

团队成员的沟通和协作能力对于园区的运营也非常关键。园区是一个复杂的系统,需要各方的协调和合作。一个高效的团队能够确保信息的有效传递和工作的顺利完成,从而提升园区的运营效率。

团队成员的园区服务意识也直接影响着园区的运营。团队成员只有深入理解并认同园区服务的重要性,才能提供优质的服务。这不仅包括为入园企业提供服务,也包括为园区内的员工和访客提供服务。

团队建设是园区文化建设的重要组成部分。一个良好的团队可以为园区带来稳定的发展和良好的声誉。通过团队建设,可以增强团队成员的凝聚力和合作能力,从而提高园区的整体竞争力。

因此,可以说,团队是园区运营的决定性因素,其能力和素质直接影响到园区的整体表现和发展前景,打造一支优秀的运营团队,就是园区的当务之急!

一个好的运营团队是如何定义的?

用通俗的话来说,一个好的团队,有三个特别:特别能战斗,特别能吃苦,特别出效果。这三条缺一不可。战斗力就是专业能力的代名词,能吃苦意味着有高度的敬业精神,出效果说明团队有非常强的解决问题的能力。

要打造一支优秀的产业园区运营团队,需要考虑以下几个方面:

一、明确团队目标和职责

团队成员需要明确了解团队的整体目标和各自的具体职责,以确保团队协同工作和有序运转。

园区团队要做好目标职责管理,需要考虑以下几个方面:

明确目标:首先,要明确团队的目标,包括目标的内容、范围、时间表和预期结果。目标应该具体、可衡量、可实现,并与团队的整体愿景和战略一致。

沟通目标:在明确目标后,团队管理者需要与团队成员进行有效的沟通,确保每个人都理解目标的重要性、意义和期望。沟通应该清晰、明确和及时，可以通过团队会议、个人会议、电子邮件或其他适当的沟通渠道进行。

制订具体的行动计划：为了实现目标，团队管理者需要与团队成员一起制订具体的行动计划。行动计划应该包括具体的任务、责任人、时间表和预期结果。团队管理者应该鼓励团队成员提出建议和意见，并确保每个人都有参与制订计划的机会。

确定职责和分工：根据行动计划，团队管理者需要明确每个团队成员的职责和分工，确保每个人都知道自己需要承担什么工作，以及工作的进度和要求。

监督和跟踪进度：在执行过程中，团队管理者需要监督和跟踪进度，及时发现问题并采取措施。可以通过定期的团队会议、个人汇报或其他适当的监督方式进行。

及时反馈和调整：团队管理者需要及时对团队成员的工作进行反馈，包括表扬、鼓励和指出不足之处。同时，需要根据实际情况及时调整行动计划和分工，确保目标的实现。

建立激励机制：为了激发团队成员的积极性和主动性，团队管理者可以建立相应的激励机制，例如奖励、晋升、培训等，根据团队成员的工作表现和贡献进行奖励。

二、培养团队成员的专业技能

团队成员需要不断学习和提升自己的专业技能，可以通过培训、研讨会、行业交流等方式进行。

园区运营团队需要进行专业技能培训，以提高团队成员的专业素养和实践能力。以下是一些建议：

确定培训需求：根据园区运营团队的工作内容和实际情况，确定培训需求，包括需要掌握的专业技能、实际操作能力和管理技能等。

制订培训计划：根据培训需求，制订详细的培训计划，包括培训内容、时间、方式、师资等。可以选择线上或线下的培训方式，例如网络培训、内部培训、外部培训等。

培训内容：培训内容应该与团队成员的工作实际相关，包括园区管理、安全防范、应急处理、客户服务、市场营销等方面的专业技能。同时，也需要加强团队成员之间的沟通和协作能力。

培训效果评估：在培训结束后，需要对培训效果进行评估，了解团队成员对培训内容的掌握情况和实际应用能力。可以通过问卷调查、实际操作考核等方式进行评估。

持续跟进：在培训结束后，需要持续跟进团队成员的工作情况，及时发现和解决工作中遇到的问题，不断提高团队成员的专业技能和实践能力。

通过以上建议，园区运营团队可以更好地进行专业技能培训，提高团队成员的专业素养和实践能力，为园区的良好运营和发展提供有力保障。

三、培养团队文化

团队成员需要培养共同的价值观和理念，以增强团队凝聚力和合作能力，这可以通过团队建设、员工培训等方式实现。

园区运营团队进行团队文化建设是非常重要的，良好的团队文化可以促进团队成员之间的合作和凝聚力，提高工作效率和满意度。以下是一些建议：

确立团队价值观：团队价值观是团队文化的核心，应该明确团队的核心价值观，例如诚信、创新、服务、协作等，使团队成员在工作中遵循和体现这些价值观。

建立良好的沟通机制：建立有效的沟通机制，使团队成员之间能够及时交流、分享信息和意见，增强彼此之间的信任和合作。

鼓励团队成员参与决策：鼓励团队成员参与决策，提高团队成员的参与感和归属感，增强团队凝聚力和合作能力。

建立团队活动和庆祝活动：建立团队活动和庆祝活动，例如团队建设、旅游、生日会等，增强团队成员之间的情感联系和归属感。

建立学习型团队：鼓励团队成员不断学习和提高，建立学习型团队，使团队成员在工作中不断成长和发展。

关注团队成员的个人发展和职业规划：关注团队成员的个人发展和职业规划，给予他们职业发展的建议和支持，增强他们的归属感和忠诚度。

建立良好的反馈机制：建立良好的反馈机制，及时对团队成员的工作进行反馈和评价，鼓励他们不断改进和提高。

通过以上建议，园区运营团队可以建立良好的团队文化，促进团队成员之间的合作和凝聚力，提高工作效率和满意度，为园区的良好运营和发展提供有力支持。

我们来看一个案例：苏州工业园区的运营团队建设。

苏州工业园区，位于江苏省苏州市，是一个集高科技、先进制造业、现代服务业于一体的国家级经济技术开发区。其成功的关键因素之一，在于其优秀的产业园区运营团队。

苏州工业园区的运营团队由经验丰富的专业人才组成，他们在园区建设、招商引资、企业服务等方面发挥着重要作用。为了提升团队的运营能力，苏州工业园区与多家知名企业和机构进行合作，为团队成员提供全方位的培训和交流机会。

在园区建设方面，苏州工业园区运营团队注重基础设施建设，提高园区的承载能力和吸引力。他们与政府密切合作，优化政策环境，提高行政效能。此外，他们还关注生态环境建设，努力提升园区的宜居性和企业员工的幸福感。

在招商引资方面，苏州工业园区运营团队不仅注重数量，更注重质量。他们制定了一系列的招商政策，针对不同产业领域的企业进行精准招商。同时，他们还积极搭建企业与政府、金融机构之间的合作平台，为企业提供更多的发展机会和资源。

在企业服务方面，苏州工业园区运营团队始终以客户需求为导向，提供全方位的服务支持。他们为企业提供政策咨询、融资支持、人才引进等方面的服务，帮助企业解决实际困难，推动企业快速发展。

通过多年的努力，苏州工业园区的运营团队已经取得了显著的成果。他们成功吸引了一大批国内外知名企业入驻园区，形成了产业集聚效应。同时，他们还为企业创造了巨大的经济效益和社会价值，为苏州工业园区的快速发展奠定了坚实基础。

而这一切成绩，与苏州工业园区加强自身运营团队建设密不可分，苏州工业园区主要采取了以下几个方面的措施：

1. 选拔优秀人才：苏州工业园区运营团队成员都是通过公开招聘和选拔，拥有丰富的专业知识和实践经验的人才。在选拔过程中，注重人才的多样性，确保团队成员具备不同的专业背景和技能，以便在运营工作中能够相互补充，提高团队整体能力。

2. 提供专业培训：苏州工业园区运营团队会定期接受专业培训，提高团队成员的业务能力和素质。培训内容包括产业园区规划、招商引资、企业服务、政策解读等方面的知识，以及沟通协调、团队协作等软技能。通过培训，团队成员能够不断提升自身能力和素质，更好地为园区企业提供服务。

3. 建立激励机制：苏州工业园区运营团队建立了激励机制，鼓励团队成员积极创新、主动作为。对于表现优秀的成员，给予相应的奖励和晋升机会，同时对于不适应团队发展的成员，也会进行相应的调整和淘汰。通过激励机制，保持团队的活力和竞争力。

4. 营造良好的工作氛围：苏州工业园区运营团队注重工作氛围的营造，倡导开放、合作、创新的工作环境。团队成员之间互相尊重、相互支持，充分发挥每个人的优势。同时，团队还注重员工的职业发展和个人生活，提供良好的福利待遇和丰富多彩的员工活动，提高员工的幸福感和归属感。

5.加强团队文化建设：苏州工业园区运营团队注重文化建设，通过定期组织团队活动、户外拓展等方式，增强团队凝聚力和向心力。同时，还倡导"客户至上"的服务理念，要求团队成员始终关注客户需求，不断提高服务质量和水平。通过文化建设，形成团队的共同价值观和行为准则，提高团队的执行力和战斗力。

通过这些措施的实施，苏州工业园区的运营团队在推动园区发展方面取得了显著的成绩，为园区企业提供了优质的服务和支持，促进了苏州工业园区的快速发展。

苏州工业园区运营团队的成功经验表明，一个优秀的产业园区运营团队需要具备专业的知识和技能，能够全面了解和掌握园区的实际情况和发展方向。同时，还需要具备创新意识和市场洞察力，能够灵活运用各种资源为企业提供优质的服务和支持。此外，与政府、企业和社会各方面的良好合作也是打造优秀产业园区运营团队的关键。通过不断学习和改进，产业园区运营团队将能够更好地满足企业的需求和期望，推动产业园区持续健康发展。

第四章　产业园区运营模式的创新

第一节　我国产业园区运营创新上的不足及成因

在探讨运营模式创新之前,我们先来梳理一下我国产业园区在运营上存在的不足。

一、重资产,轻运营

我国产业园区重资产、轻运营现象的原因主要有两个方面。一方面,园区开发商往往拥有较强的资本实力和土地资源,因此更注重在园区建设方面投入大量资金,从而形成重资产的经营模式。另一方面,由于运营需要投入大量的人力、物力和财力,而且见效较慢,因此很多园区开发商在运营方面缺乏足够的投入。

然而,这种重资产、轻运营的现象存在一些问题。首先,由于过度注重资产投入而忽视运营,园区的整体收益水平可能受到影响。其次,缺乏专业的运营管理团队,可能会导致园区的服务质量不高,无法满足企业的需求。最后,由于缺乏长期的发展规划,园区可能存在盲目扩张和过度开发等问题,给未来的发展带来隐患。

二、缺乏创新思维

具体来说,我国产业园区运营缺乏创新思维的情况表现在以下几个方面:

(一)缺乏差异化竞争策略:很多园区运营商在制定运营策略时,缺乏独特的卖点,无法与竞争对手形成明显的差异,因此难以吸引更多的企业入驻。

(二)服务质量不高:一些园区运营商在服务方面缺乏创新思维,无法满足企业的多样化需求,导致服务质量低下,影响了园区的整体形象和吸引力。

(三)缺乏产业生态构建:一些园区运营商在运营过程中,缺乏对产业生态的构建,无法形成完整的产业链和产业生态系统,影响了企业的生产和经营效益。

(四)缺乏创新创业的支持机制:在创新制度建设和运营机制建设上不完善,无法吸引高端人才和创新型企业入驻。

三、产业链不完整

我国产业园区产业链不完整主要表现为以下几方面：

（一）产业关联度不高：园区企业之间缺乏紧密的产业联系，没有形成协同发展的良好格局。

（二）政府盲目招商引资：政府在招商引资过程中缺乏长期战略性规划，具有一定的盲目性。

（三）产业集聚效应不显著：园区内企业之间缺乏有效的分工协作，没有形成显著的产业集聚效应。一些园区只关注某个产业的发展，而忽略了产业链的完整性。例如，一些园区只注重电子信息产业的发展，而忽略了其他相关产业的配套发展。

（四）融资优势不明显：由于资本市场门槛较高，科技型小微企业集群的股权融资模式相对较少，园区融资优势不显著。

四、缺乏国际化视野

我国产业园区缺乏国际化视野主要表现在以下几个方面：

（一）缺乏全球化的市场定位：许多产业园区缺乏全球化的市场定位，没有将自身融入全球产业价值链中，导致其竞争力受到限制。

（二）缺乏国际化的创新环境：产业园区缺乏与国际接轨的创新环境，包括缺乏国际化的科技人才、技术标准和知识产权保护等，这使得园区难以吸引和留住高端人才。

（三）缺乏国际化的管理机制：许多产业园区的管理机制仍然沿用国内传统的管理机制，缺乏与国际接轨的现代化管理机制，如国际化的人才管理、投融资管理等。

（四）缺乏国际化的品牌形象：许多产业园区缺乏国际化的品牌形象，没有形成具有国际影响力的品牌，这使得园区难以在国际市场上获得更多的关注和认可。

我国产业园区在运营上存在上述诸多不足，这些问题的主要成因可以归纳为以下几点：

（一）传统经济发展模式的制约：我国传统的经济发展模式注重固定资产投资和规模扩张，这种发展模式在很大程度上限制了产业园区在运营上的创新和灵活性。许多产业园区仍然沿用传统的土地出让、基础设施建设等发展模式，缺乏创新思维。

（二）政府角色定位不当：政府在产业园区的发展中扮演着重要的角色，但是政府角色的定位不当也制约了产业园区的发展。政府过于注重短期效益，忽视了长期发展，导致产业园区在产业链的构建和运营上缺乏整体规划。

（三）缺乏创新文化和创新环境：我国产业园区缺乏创新文化和创新环境，这使得园区内企业缺乏创新的动力和意识。创新需要一个良好的环境和文化氛围，我国许多产业园区在这方面还需要加强。

（四）人才短缺：产业园区的发展需要大量的人才支持，但是我国产业园区在人才引进和培养方面还存在不足。缺乏具有国际化视野和创新思维的人才，限制了产业园区的发展。

针对以上问题，我们可以采取以下措施来解决：

（一）转变经济发展模式：产业园区需要转变传统的经济发展模式，注重创新和灵活性。可以通过引入科技元素、加强企业间合作等方式，推动产业园区向高端发展。

（二）政府调整角色定位：政府应该调整在产业园区发展中的角色定位，从主导者转变为引导者和参与者。政府可以制定长期发展战略，提供政策支持和优质服务，促进产业园区的发展。

（三）营造创新文化和环境：产业园区需要营造创新文化和环境，鼓励企业进行创新尝试。可以通过建立公共技术平台、加强知识产权保护等措施，为企业的创新提供支持和保障。

（四）加强人才引进和培养：产业园区需要加强人才引进和培养，吸引具有国际化视野和创新思维的人才。可以通过提高薪酬待遇、提供良好的工作环境和发展机会等方式吸引高端人才。同时，也要加强人才培养，提高本地人才的素质和能力。

（五）加强国际交流与合作：产业园区需要加强国际交流与合作，引进国际先进技术和管理经验，提高自身的国际化水平和竞争力。可以通过举办国际会议、开展国际合作项目等方式，扩大国际影响力，提高国际知名度。

园区运营创新是推动产业园区发展和升级的关键。通过优化产业布局和规划、加强创新平台建设、创新融资模式、强化人才引进和培养、加强政策支持和引导、加强招商引资和宣传推广、创新管理机制以及加强国际合作和交流等措施，可以有效地强化园区运营创新，提高产业园区的发展水平和国际竞争力。政府和企业需要共同努力，为园区运营创新提供良好的环境和支持，推动产业园区向高端化、智能化、绿色化发展，为经济增长和社会发展做出更大的贡献。

第二节 产业园区运营模式的种类和特点

我国地域辽阔，区域经济发展不平衡，因而产业园区运营模式也各有不同，其种类主要有以下几种：

一、政府主导型

由政府出资建设、管理、运营，主要服务于政府重点扶持的产业和项目。

政府主导型产业园区的运营模式有以下特点：

（一）政府主导：政府在产业园区的建设、规划、招商等方面扮演着主导角色，对园区的发展方向和政策进行指导和管理。

（二）资金投入大：政府主导型产业园区需要大量的资金投入在建设、设施配套、招商引资等方面，以保证园区的正常运营和发展。

（三）产业定位明确：政府主导型产业园区的产业定位比较明确，通常会围绕某个重点产业或领域展开，以促进该领域的发展和壮大。

（四）服务配套完善：政府主导型产业园区通常会确保完善的服务配套，包括基础设施、公共服务、人才引进等方面，为企业提供便利和支持。

（五）长期经营模式：政府主导型产业园区的经营模式通常是长期的，需要政府持续关注和支持，以确保园区的稳定发展和长期效益。

我们来举一个这方面的例子：

深圳前海深港现代服务业合作区成立于2010年，由深圳市政府和香港特别行政区政府共同出资建设，旨在打造一个集金融、科技、文化、物流等服务于一体的现代化服务业聚集区。作为广东省政府主导型产业园区，前海深港现代服务业合作区得到了广东省政府和深圳市政府的大力支持，政策优惠力度大，包括税收、土地出让等方面的优惠政策，吸引了众多企业入驻。该园区位于深圳市和香港之间，紧邻深港口岸和皇岗口岸，地理位置优越，交通便利，物流便捷，为企业提供了良好的发展环境。另外，园区配套设施完善，拥有完善的基础设施和配套设施，包括高档写字楼、会议中心、酒店、商业街等，为企业提供了全方位的服务。更为重要的是，前海深港现代服务业合作区有较强的产业集聚效应，吸引了众多知名企业和金融机构入驻，形成了完整的产业链和创新生态圈，促进了相关产业的发展和壮大。

前海深港现代服务业合作区的运营成功意义重大，主要体现在以下几个方面：

（一）推动粤港澳大湾区建设：前海深港现代服务业合作区的成功运营是粤港澳大湾区建设的重要举措之一，将有助于推动粤港澳大湾区的建设和发展。

（二）促进经济发展：前海深港现代服务业合作区的成功运营将吸引更多的金融机构、科技企业和创新型企业入驻，促进相关产业的发展和壮大，进而推动经济的发展。

（三）提高城市竞争力：前海深港现代服务业合作区的成功运营将提高深圳在国际金融、科技和服务领域的竞争力，进一步提升城市的综合实力和影响力。

（四）推动改革开放：前海深港现代服务业合作区的成功运营是中国改革开放的重要成果之一，为其他国家和地区提供了可供借鉴的经验和模式，推动了中国改革开放的进程。

从以上的分析中我们可以看到，作为政府主导型的产业园区，前海深港现代服务业合作区肩负着推动粤港澳大湾区建设、促进经济发展、提高城市竞争力和推动改革开放等重任，其建设运营的成功具有重要的意义。

二、企业自主型

由企业自行投资、建设、管理、运营，主要服务于企业自营或自负盈亏的项目。

企业自主型产业园区的运营模式有以下特点：

（一）企业主导：企业自主型产业园区的主要经营者是企业本身，其在园区的规划、建设、招商、管理等方面扮演着主要角色。

（二）投资主体多元化：企业自主型产业园区的投资者通常是多个企业或机构共同出资，以实现资源共享和风险分担。

（三）产业定位灵活：企业自主型产业园区的产业定位相对灵活，可以根据市场需求和企业需求进行调整和变化。

（四）赢利模式多样：企业自主型产业园区的赢利模式也比较多样化，可以通过租金收入、服务收费、股权收益等多种方式获取收益。

（五）管理制度规范：企业自主型产业园区的管理制度相对较为规范，通常建立了科学的管理体系和运营机制，以确保园区的正常运营和发展。

这个类型比较典型的例子是美国硅谷（Silicon Valley），它是世界上最著名的企业自主型产业园区之一，以科技创新和高科技产业而闻名。

硅谷在运营方面有以下特点：

（一）地理位置优势：硅谷位于美国加利福尼亚州的旧金山湾区，紧邻多所知名大学（如斯坦福大学和加州大学伯克利分校），以及一些科研机构和企业总部。这里地理位置优越，便于高科技企业之间的合作与交流。

（二）产业聚集效应：硅谷吸引了大量的科技企业和初创公司入驻，形成了产业聚集效应。这种密集的企业布局有助于信息共享、人才流动和技术创新。企业之间的互动和竞争推动了整个产业的发展。

（三）投资和创业生态系统：硅谷拥有完善的投资和创业生态系统。风险投资机构、天使投资者和私募股权公司等为初创企业提供资金支持。同时，孵化器和加速器等机构为初创企业提供办公空间、导师指导、市场推广等各种支持服务，帮助他们快速成长。

（四）科研和人才资源：硅谷周边地区拥有许多一流的大学和科研机构，吸引了世界各地的科学家、工程师和研究人员等。这些高素质人才为企业提供了技术支持和创新动力。同时，企业与学术界之间的紧密合作也促进了技术转移和商业化。

（五）创新文化和企业家精神：硅谷强调创新、冒险和追求卓越的文化。这里有开放的思维方式、容错的氛围和鼓励创新的价值观。企业家精神在硅谷得到重视，成功企业家的经验和故事激励着新一代的创业者。

（六）合作和交流平台：硅谷拥有许多组织和活动，提供了合作和交流的平台。例如，技术峰会、创业大赛、创新论坛等活动吸引了全球的参与者，促进了不同企业、投资者和专家之间的互动与合作。

作为企业自主型的代表，硅谷成功的经验为全球产业园区的建设和发展提供了重要的借鉴。许多国家和地区借鉴硅谷的模式，打造自己的科技创新产业园区，吸引优秀的科技企业和人才，推动地区的产业升级和经济转型。

三、合作共建型

由政府与企业或其他机构共同投资、建设、管理、运营，实现资源共享和互利共赢。

合作共建型产业园区的运营模式有以下特点：

（一）多方合作：合作共建型产业园区通常需要政府、企业、投资机构等多方合作，共同出资、共同建设、共同管理、共同运营。

（二）资源共享：合作共建型产业园区各方可以共享各自的资源和优势，包括土地、资金、技术、人才等，以提高园区的竞争力和发展水平。

（三）风险共担：合作共建型产业园区各方需要共同承担一定的风险，例如市场风险、政策风险等，以保证园区的长期稳定发展。

（四）收益共享：合作共建型产业园区的各方可以通过租金收入、服务收费、股权收益等多种方式共享园区的收益，实现共赢。

（五）管理制度规范：合作共建型产业园区的管理制度相对较为规范，通常建立了科学的管理体系和运营机制，以确保园区的正常运营和发展。

关于这个方面的类型，我们来看一下中国（上海）自由贸易试验区（简称上海自由贸易区），它是一个合作共建型产业园区，也是中国政府推动改革开放和经济转型的重要实践。

上海自由贸易区的运营特点包括：

（一）制度创新：自由贸易区以制度创新为核心，实施了一系列改革措施，包括贸易便利化、投资自由化、金融创新等。试验区内的企业可以享受更加灵活的政策环境和便利的业务操作，吸引了国内外企业的入驻。

（二）产业集聚：上海自由贸易区鼓励不同产业的集聚和协同发展。通过建设专业化产业园区、科技创新中心等，吸引相关产业链上的企业入驻，形成产业集聚效应。这种集聚有助于资源共享、技术合作和市场拓展。

（三）引进外资和技术：上海自由贸易区积极引进外资和先进技术。通过开放的政策环境和便利的贸易通关，吸引了大量跨国公司和外国投资者。同时，它也为外资企业提供便利的投资环境和服务支持，促进了国际的经贸合作。

（四）产业创新与升级：上海自由贸易区致力于推动产业创新和升级。通过引入高新技术产业、培育创新型企业等举措，推动传统产业向高附加值、高技术含量的领域转型升级。它还鼓励企业进行技术研发、知识产权保护等，提升产业竞争力。

（五）开放合作平台：上海自由贸易区建设了开放的合作平台，促进国内外企业之间的合作交流。通过组织经贸洽谈、展览会、论坛等活动，搭建企业间合作的桥梁。同时，它还鼓励与周边地区、国际的合作，推动产业链的延伸发展。

（六）政府与企业合作：上海自由贸易区注重政府与企业的合作。它设立了政府机构和专门的服务机构，提供企业注册、审批、财税等方面的支持和服务。政府与企业密切合作，共同推动上海自由贸易区的建设和发展。

四、特许经营型

特许经营型产业园区运营模式是指基于特许经营理念和模式，将知识产权等无形资源作为核心要素，以许可人和受许人之间的合同关系为基础，通过构建持续性的合作关系，实现产业园区的经营和发展。

特许经营型产业园区的运营模式有以下特点：

（一）无形资源的运用：特许经营型产业园区运营模式的核心在于对知识产权等无形资源的运用。特许人将其拥有的商标、商号、产品、专利、专有技术和经营模式等以特许经营合同的形式授予受许人使用，从而实现对无形资源的放大和增值。

（二）合同关系为基础：特许经营是建立在特许人和受许人之间的合同关系之上的。这种合同关系规定了双方的权利和义务，明确了受许人在特许人的统一经营模式下从事经营活动，并按照约定向特许人支付特许经营费用。

（三）持续性的合作关系：特许经营型产业园区运营模式需要建立持续性的合作关系。这种合作关系通常是在一个较长的合同期限内，受许人根据特许人的要求在其经营范围内提供持续性的经营服务。这种合作关系的建立，可以满足特许人对项目的需求，同时也可以为受许人带来稳定的收入。

（四）受许人的经营活动受到特许人的直接支配：在特许经营型产业园区运营模式中，受许人的经营活动会受到特许人的直接支配，具体体现在经营体系、经营范围、营业时间等方面。受许人可以根据实际情况进行相应调整，但总体上需要遵守特许人的规定和要求。

（五）统一经营体系：特许经营型产业园区运营模式需要建立统一的经营体系。在这个体系下，特许人通过对受许人进行培训、技术支持、品牌授权等手段，帮助受许人在统一的经营模式下开展经营活动。这种统一经营体系可以实现资源的共享和优化配置，提高整个产业园区的经营效率。

（六）利益共享：特许经营型产业园区运营模式可以实现利益共享。特许人和受许人之间的关系是基于合同约定的合作关系，因此，在利益分配方面也是按照合同约定的比例进行分配。这种利益共享的机制可以激发受许人的积极性和创造力，促进整个产业园区的良性发展。

（七）风险共担：特许经营型产业园区运营模式可以实现风险共担。由于特许人和受许人之间的关系是基于合同约定的合作关系，因此，在风险承担方面也是按照合同约定的比例进行分担。这种风险共担的机制可以减轻特许人的风险压力，同时也可以提高受许人的责任感和风险意识。

这个类型的例子，最典型的应该是迪士尼乐园（Disneyland），它是一个以娱乐和主题公园为核心业务的特许经营型产业园区。

迪士尼乐园的运营特点包括：

（一）特许经营模式：迪士尼乐园采用特许经营模式，即授权给合作伙伴在特定地区建设和经营迪士尼乐园。迪士尼公司提供品牌、知识产权、管理经验和标准，而合作伙伴负责具体的园区建设、运营和市场推广。这种模式使得迪士尼乐园快速扩张到全球各地。

（二）强大的品牌影响力：迪士尼乐园依托迪士尼公司强大的品牌影响力。迪士尼拥有丰富的IP资源，包括动画电影、卡通形象、故事情节等。这些IP在全球范围内广受欢迎，吸引了大量的游客。品牌影响力为迪士尼乐园带来了持续的关注和客流量。

（三）主题体验和故事营造：迪士尼乐园注重创造独特的主题体验和故事情境。每个乐园都有独特的主题和故事线，通过精心设计的场景、装饰、娱乐设施和表演，为游客提供沉浸式的娱乐体验。这种特色的主题和故事营造使得迪士尼乐园成为受游客欢迎的旅游目的地。

（四）综合娱乐和服务设施：迪士尼乐园提供丰富的娱乐和服务设施，包括游乐设施、表演、演艺秀、餐饮、零售等。园内设施齐全，能够满足不同年龄层次和兴趣爱好的游客需求。同时，迪士尼乐园还注重提供优质的客户服务，为游客提供愉快的体验。

（五）持续创新和更新：迪士尼乐园持续进行创新和更新。迪士尼公司不断推出新的电影、角色和故事，并将其融入乐园的设计和体验中，以便吸引游客。

五、委托管理型

政府将园区的管理和运营委托给专业的第三方机构，园区业主只需支付相应的管理费用。

委托管理型产业园区的运营模式有以下特点：

（一）政府委托：委托管理型产业园区是由政府委托给专业的机构或企业进行管理和运营的，园区的规划、建设、招商等方面需要遵循政府的要求和标准。

（二）投资主体多元化：委托管理型产业园区的投资者通常是由多个企业或机构共同出资，以实现资源共享和风险分担。

（三）产业定位灵活：委托管理型产业园区的产业定位相对灵活，可以根据市场需求和企业需求进行调整和变化。

（四）收益共享：委托管理型产业园区的各方可以通过租金收入、服务收费、股权收益等多种方式共享园区的收益，实现共赢。

（五）管理制度规范：委托管理型产业园区的管理制度相对较为规范，它通常建立了科学的管理体系和运营机制，以确保园区的正常运营和发展。

（六）专业管理团队：委托管理型产业园区通常由一支专业的管理团队负责园区的管理和运营，包括招商引资、规划设计、物业管理等方面。

我们来看一个这个类型的例子：中国（上海）自由贸易试验区张江科学城。

张江科学城是一个委托管理型产业园区，由上海市政府委托张江集团进行管理和运营。张江科学城的运营方式包括：

（一）基础设施建设：张江科学城由张江集团负责建设基础设施，包括道路、供水、供电、通信等。集团确保园区内的基础设施运行良好，为企业提供良好的工作环境。

（二）规划和土地出让：张江集团负责制定园区的发展规划，并负责土地出让。根据政府的规划指导，集团将土地分配给符合条件的企业，促进园区内各行业的发展。

（三）租赁和物业管理：张江集团负责园区内的租赁和物业管理。他们与企业签订租赁合同，并提供物业管理服务，包括设施维护、安全管理、环境卫生等，确保企业在园区内的正常运营。

（四）服务支持：张江集团提供多种服务支持，帮助企业解决运营中的问题。这包括市场推广支持、政策咨询、创业辅导、人才引进等。集团还组织各类活动和交流会议，促进企业间的合作与交流。

（五）政府合作：张江集团与政府部门保持密切合作，遵守政府的管理要求和政策指导。他们与政府机构共同制定园区的发展战略，参与政府政策的制定和实施，并提供政府所需的信息和数据支持。

总体而言，张江科学城的运营方式是由张江集团作为委托管理方，负责基础设施建设、规划和土地出让、租赁和物业管理等方面的工作，与政府合作，为企业提供全方位的服务和支持，促进园区的发展和创新。

以上是我国产业园区运营模式的主要种类，不同的运营模式适用于不同的园区类型和产业发展阶段，需要根据实际情况进行选择和调整。

第三节　如何选择适合的园区运营模式

一、中国幅员辽阔，经济条件复杂，各地在选择合适的产业园区运营模式时需要考虑以下几个因素：

（一）地区优势和特点：不同地区在资源、地理位置、人力资源等方面存在差异。产业园区应根据地方的优势和特点选择适合的运营模式。例如，资源丰富的地区可以发展以资源加工为主的产业园区，交通便利的地区可以发展物流园区，等等。

（二）产业发展阶段：不同地区的产业发展阶段也会影响运营模式的选择。一些地区可能处于产业起步阶段，需要引进外来投资和技术；而另一些地区可能已经具备了一定的产业基础，可以通过创新和升级来提升产业园区的价值。

（三）政府支持和政策环境：政府支持和政策环境是产业园区运营的重要因素。各地应结合当地政府的政策倾斜和支持力度，选择适合的运营模式。例如，一些地方可能提供土地优惠、税收减免或补贴等政策，这些政策将影响到园区的运营成本和发展前景。

（四）合作与合作伙伴关系：产业园区的成功离不开与企业、研究机构、教育机构等的合作。选择合适的运营模式需要考虑如何吸引和促进合作，并建立良好的合作伙伴关系。例如，可以选择跨国公司、高校或科研院所作为产业园区的重要合作伙伴，推动技术创新和人才培养。

（五）风险管理：经济条件复杂的地区可能存在一些风险，如市场波动、政策变化、竞争压力等。在选择运营模式时，需要考虑如何降低风险，并采取相应的风险管理措施。

各地选择合适的产业园区运营模式需要综合考虑以上几个方面，根据自身情况做出合理的选择。

下面，我们来梳理一下，在不同经济区域、不同地理条件、不同发展阶段，应该如何选择合适的产业园区运营模式。

二、大都市地区选择产业园区运营模式时，可以考虑以下几个方向：

（一）技术创新园区：大都市地区通常拥有发达的科技和丰富的创新资源，可以发展技术创新园区。该园区可以吸引高科技企业、创业孵化器和研发机构等，促进技术创新、科技成果转化和人才培养，推动产业的升级和创新驱动发展。

（二）服务业聚集园区：大都市地区经济多元发展，可以发展服务业聚集园区。该园区可以集聚金融、文化创意、咨询、科技服务、人力资源等服务业企业，形成服务业集群，以提供高质量的服务和创造就业机会。

（三）制造业转型园区：如果大都市地区有传统制造业基础，可以发展制造业转型园区。该园区可以引导传统制造业企业进行技术改造、智能化升级和绿色制造转型，推动制造业向高端、智能、绿色方向发展。

（四）特色产业基地：大都市地区可以考虑发展特色产业基地，突出地方资源、文化和优势产业。例如，发展文化创意产业园区、时尚设计中心、旅游度假区等，打造独具特色的产业集聚区，促进相关产业的发展和经济多元化。

（五）生态环保园区：大都市地区需重视环境保护和可持续发展，可以发展生态环保园区。该园区可以引进环保技术企业、新能源企业和清洁生产企业等，推动绿色发展，推动低碳经济和环保产业的发展。

在选择合适的产业园区运营模式时，大都市地区还需考虑当地的市场需求、政府支持政策、交通基础设施以及人力资源等因素。同时，需要充分调研市场，了解产业发展趋势，选择具有发展潜力和竞争优势的产业方向，以实现经济发展和城市可持续发展的目标。

三、农业县选择产业园区运营模式时，可以考虑以下几个方向：

（一）农产品加工园区：农业县通常有丰富的农产品资源，可以考虑发展农产品加工园区。该园区可以引进食品加工企业，将农产品进行深加工和价值提升，推动农产品产业链延伸，提高农产品的附加值和竞争力。

（二）农业科技园区：农业县可以发展农业科技园区，吸引农业科技企业、农业科研机构和高校等。该园区可以致力于农业科技研发、新品种培育、现代农业技术推广等，提升农业生产效益和农产品质量。

（三）生态农业园区：随着人们对健康、绿色食品的需求增加，生态农业园区具有发展潜力。该园区可以推广有机农业、生态农业和特色农业，注重环保和可持续发展，提供绿色农产品和农业旅游等服务。

（四）农业物流园区：农业县可以考虑发展农业物流园区，优化农产品流通渠道。该园区可以提供冷链物流设施和配套服务，改善农产品运输、储存和销售环节，促进农产品的市场对接和提升农产品的流通效率。

（五）农业合作社园区：鼓励农民组建农业合作社，发展农业合作社园区。该园区可以提供土地、设施和技术支持，协助农业合作社规范生产经营，提高农民收入，促进农民专业合作社的发展。

四、资源型县选择产业园区运营模式时，可以考虑以下几个方向：

（一）资源加工园区：资源型县通常拥有丰富的自然资源，可以考虑发展资源加工园区。该园区可以吸引相关加工企业，将原始资源进行深加工、提炼或制造，增加资源附加值，并推动相关产业链的发展。

（二）能源产业园区：如果资源型县具有丰富的能源资源，可以考虑发展能源产业园区。该园区可以吸引能源企业、设备制造商和研发机构等，发展煤炭、油气、电力等能源产业，并推动清洁能源技术的应用和发展。

（三）矿业开发园区：针对具备丰富矿产资源的县，可以考虑发展矿业开发园区。该园区可以引进矿业企业，进行矿产资源勘探、开发和加工，推动矿业产业的升级和转型。

（四）新材料与高新技术园区：资源型县可以鼓励发展新材料和高新技术产业园区。该园区可以吸引高新技术企业和科研机构，推动新材料研发和应用，提高资源利用效率和附加值。

（五）生态旅游与文化创意园区：资源型县在保护生态环境和传承文化遗产方面可能具有优势。可以考虑发展生态旅游和文化创意产业园区，注重生态环境保护、文化传承和旅游开发，提升资源的综合价值。

五、临海地区，选择产业园区运营模式时，可以考虑以下几个方向：

（一）港口物流园区：临海地区通常具备良好的港口条件，可以发展港口物流园区。该园区可以提供货物集散、仓储、物流配送等服务，吸引物流企业和相关产业进驻，促进贸易往来和国际物流的发展。

（二）海洋经济园区：临海地区可以发展海洋经济园区，充分利用海洋资源和海洋产业。该园区可以涵盖海洋科研、海洋生物技术、海洋工程、海洋旅游等领域，推动海洋经济的发展和海洋资源的可持续利用。

（三）海洋能源园区：临海地区具备开发海洋能源的潜力，可以发展海洋能源园区。该园区可以吸引风能、潮汐能、海洋热能等相关企业和研究机构，推动海洋能源的开发和利用，促进清洁能源产业的发展。

（四）海洋旅游与休闲园区：临海地区风景优美，可以发展海洋旅游与休闲园区。该园区可以结合海滨景区、海上运动和水上娱乐等元素，吸引游客和相关企业，推动旅游业的发展，增加地方经济的收入。

（五）海洋科技创新园区：临海地区可以发展海洋科技创新园区，引进高科技企业和研究机构。该园区可以聚焦海洋科研、海洋工程、海洋装备等领域，推动科技创新和技术转化，培育海洋科技产业集群。

在选择合适的产业园区运营模式时，临海地区还需要考虑当地的自然条件、海洋资源、政府支持政策等因素。同时，应注重保护生态环境，遵循可持续发展原则，实现经济效益与生态效益的统一。

六、边境地区选择产业园区运营模式时，可以考虑以下几个方向：

（一）跨境贸易园区：边境地区通常具有便利的贸易条件和跨境交流机会，可以发展跨境贸易园区。该园区可以吸引国内外企业和商家，促进跨境贸易、加工贸易和边境旅游等活动，推动区域经济发展。

（二）跨境物流园区：边境地区可以发展跨境物流园区，优化物流通道和贸易流程。该园区可以提供仓储、配送、报关等物流服务，吸引物流企业和相关产业进驻，促进跨境物流的发展和贸易便利化。

（三）边境旅游与文化交流园区：边境地区通常有独特的文化和旅游资源，可以发展边境旅游与文化交流园区。该园区可以整合旅游资源、举办文化活动、开展文化交流等，吸引游客和文化产业发展，促进跨境文化交流与合作。

（四）边境加工制造园区：边境地区可以考虑发展边境加工制造园区。该园区可以引进制造企业，进行加工、装配、生产等活动，充分利用当地的便利条件和资源，提高产业附加值和竞争力。

（五）跨境科技创新园区：边境地区可以发展跨境科技创新园区，促进科技研发和技术转化。该园区可以吸引高科技企业、研究机构和人才，开展科技创新、技术转让、人才培养等活动，推动边境地区的科技发展和产业升级。

选择适合的园区运营模式对于产业园区的持续、健康、稳定发展具有重要意义。一个合适的运营模式不仅可以提高园区的整体竞争力，还可以优化资源配置，提高产业集聚效应，增强企业创新能力，最终推动整个产业园区的经济发展和产业升级。

首先，合适的园区运营模式有利于实现产业集聚效应。在正确的运营模式下，园区可以有效地吸引和集聚同质化的产业和企业，形成具有特色的产业集群，进而促进企业之间的合作与交流，增强园区的整体竞争力。

其次，合理的园区运营模式能够优化资源配置。通过市场化的运作和政府的引导，园区运营模式可以充分发掘和利用当地的各种资源，包括人力、物力、财力等，推动资源的合理配置和有效利用，从而更好地满足企业和园区的需求。

再次，优秀的园区运营模式能够推动产业创新和发展。通过搭建创新平台、引进高端人才、建立孵化器等措施，园区运营模式可以促进企业之间的创新合作，推动新技术、新产品的研发和应用，进而提升整个园区的创新能力和竞争力。

最后，科学的园区运营模式有利于解决就业问题和完善区域产业链。园区的发展不仅需要高科技产业的支撑，还需要配套的服务业和加工业等。因此，合理的园区运营模式需要兼顾不同类型企业的发展需求，从而推动整个区域产业链的完善和升级，为当地经济发展做出更大的贡献。

第四节　园区运营模式的优化和创新

选择合适的园区运营模式很重要，但是优化和创新园区运营模式更重要。随着技术的进步和产业的发展，国内外产业园区运营模式也正在不断创新、演进，出现了很多的创新趋势。

一、混合型产业园区

传统的产业园区通常集聚同一行业或相关产业，而混合型产业园区则将多个不同产业融合在一起，形成跨领域、跨行业的创新生态系统。这种模式有助于促进不同产业之间的合作与交流，推动新的产业融合与创新。

二、创新创业孵化园区

为了支持创新创业和初创企业发展，许多产业园区建立了创新创业孵化园区。这种园区可以提供创业资源、孵化服务、资金支持和导师指导等，为初创企业提供全方位的支持和帮助。

三、生态友好型产业园区

随着环保和可持续发展的重要性日益凸显，生态友好型产业园区的兴起成为一种创新趋势。这种园区注重生态环境保护，推进绿色能源利用、废弃物资源化利用等可持续发展实践。

四、开放创新平台

产业园区越来越注重开放和合作，建立开放创新平台，吸引不同企业、研究机构、创客和投资者等参与合作。这种开放的创新平台有助于促进资源共享、技术交流和创新合作，加速创新成果的孵化和转化。

五、数字化、智能化管理

随着信息技术的发展，产业园区越来越倾向于数字化和智能化的管理模式。通过引入物联网、大数据分析、人工智能等技术，实现对园区内设施、资源、流程等的智能监控和管理，提高效率，降低成本。

六、跨境合作园区

为了促进国际贸易和跨境合作，一些产业园区成为跨境合作园区，提供特殊的政策和便利条件，吸引外国企业在园区设立业务，并促进与国外企业的合作和交流。

这些创新趋势反映了产业园区运营模式朝着更加灵活、创新和可持续发展的方向发展，以适应不断变化的经济和市场需求。美国、日本、中国等国的产业园区在运营模式的优化与创新上，体现出不同的特点。

先看看美国在产业园区运营模式上典型的创新案例。

（一）硅谷科技园区（Silicon Valley）：硅谷是全球最著名的科技产业园区之一，以高科技产业聚集和创新驱动而闻名。硅谷的成功在于其开放的创新生态系统，吸引了大量的科技企业、创业公司和风险投资。该园区提供了独特的孵化、加速和融资支持机制，为创新企业提供了成长的土壤。

（二）纽约创意产业园区（New York City Creative Industry Clusters）：纽约是全球创意产业的重要中心，拥有多个知名的创意产业园区。

纽约SOHO区是美国最知名的创意园区之一，它曾是一个被废弃的地下工厂，因有大量闲置房屋且租金极其低廉，被一些从欧洲移居纽约的艺术家看中，发展成一个艺术家聚集区。20世纪50年代，为促进园区发展，纽约市政府出台法规，规定非艺术家不得进驻。全盛时期，面积不足纽约市区1%的SOHO区内，居住了全纽约30%以上的艺术家。

硅巷（Silicon Alley）这一概念早在1995年就在美国被提出，最初的硅巷，只是曼哈顿地区的一个地名概念——它以曼哈顿下城第五大道与百老汇交界处的熨斗大厦为中心，而后逐渐扩展到曼哈顿中下城和布鲁克林的DUMBO区。在这个范围内，集聚了大量新媒体、网络科技、金融科技企业，形成了一个没有明确边界范围的科技产业集群地区。

纽约这些创意产业园区的发展，不仅带动了纽约的经济增长，也为全球的创意产业提供了宝贵的经验和启示。

（三）Research Triangle Park（RTP）：位于北卡罗来纳州的三角科技园是美国最古老且最成功的科技产业园区之一。该园区由三所大学（杜克大学、北卡罗来纳大学和北卡罗来纳州立大学）合作创建，以科研、创新和技术转移为主导。RTP的独特之处在于其紧密的学术与产业合作关系，促进了科研成果的商业化和创新企业的孵化。

（四）生命科学园区（Life Sciences Cluster）：美国许多地区发展了以生命科学为核心的产业园区，如马萨诸塞州的剑桥生物医药园区（Cambridge Biomedical Cluster）和加利福尼亚州的圣地亚哥生物技术园区（San Diego Biotech Cluster）。这些园区聚集了生物技术、制药、医疗器械等生命科学领域的企业和研究机构，为创新和协作提供了优越的环境。

美国产业园区在孵化创新企业、促进学术与产业合作、打造特定行业集群等方面取得了显著成果，并成为全球其他地区产业园区发展的典范。

再看看日本在产业园区运营模式上的一些典型的创新案例。

（一）科技创新园区（Science/Technology Parks）：日本发展了许多科技创新园区，如东京的港区科技园区（Tokyo Port City Takeshiba Science and Technology Park）和名古屋的九

龙坡科技园区（Kurowakamatsu Science and Technology Park）。这些园区致力于推动科技创新和产业协同发展，通过提供先进的研发设施、创新资源和支持服务，吸引企业、研究机构和创业者共同参与创新活动。

（二）特色产业园区：日本以培育特色产业园区为目标，如汽车产业园区、机械制造园区、电子信息园区等。例如，名古屋市的丰田元町产业园区（Toyota-cho Industrial Park）是一个专注于汽车和机械制造的园区，该园区聚集了丰田及其供应链企业，形成了完整的汽车产业生态系统。

（三）智能化工业园区：日本积极推动智能制造和工业4.0的发展，在一些工业园区中引入物联网、人工智能、大数据分析等技术，实现生产过程的智能化和自动化。如神奈川县的津久井科技园区（Tsukuihama Science and Technology Park）和岐阜县的中核滨松工业园区（Naka-Fujiwara Industrial Park）。

（四）地方创生园区：日本在一些地方城市推动地方创生，通过产业园区的发展来促进经济活力和人口增长。例如，福冈市的筑紫野产业园区（Chikushino Industrial Park）和山形县的东北产业创新园区（Tohoku Industrial Innovation Park）是以地方特色产业为基础，通过提供优惠政策、创新支持和人才培养等措施，吸引企业和人才落户。

日本的产业园区注重科技创新、特色产业培育、智能化和地方发展等方面，通过建立协作平台、提供支持服务、推动创新生态系统的形成等方式，促进产业发展和经济增长。

中国产业园区众多，在运营模式上也有一些典型的创新案例。

（一）高新技术产业园区：中国发展了一大批以高新技术产业为主导的园区，如北京中关村科技园区、上海张江高科技园区、深圳高新技术产业园等。这些园区注重科技创新和技术转移，聚集了大量的高科技企业、创新创业者和研发机构，形成了创新创业的生态系统。

（二）自由贸易试验区和自由贸易港：中国设立了自由贸易试验区和自由贸易港，如上海自贸试验区和海南自由贸易港。这些园区以开放和便利的贸易政策吸引国内外投资和企业，在贸易自由化、投资自由化、金融创新等方面进行试验和创新，促进国际贸易和经济发展。

（三）创新创业孵化园区：中国发展了许多创新创业孵化园区，园区提供创业服务、技术支持和资金扶持等，为初创企业提供全方位的创业生态环境。如北京中关村国家自主创新示范区和深圳湾创新科技中心等。

（四）特色产业园区：中国注重培育特色产业园区，如苏州工业园区、天津滨海新区等。这些园区在特定产业领域形成了较为完整的产业链和集聚效应，提供了专业化的支持和服务，促进了产业的发展和升级。

（五）集约型农业园区：中国在农业领域也进行了产业园区的创新实践，如广东省的现代农业示范园区、江苏省的特色农业园区等。这些园区以现代农业技术和管理为基础，推动农业生产方式的改革，促进农业的现代化和农村经济的发展。

中国的产业园区注重科技创新、创新创业、自由贸易、特色产业培育和现代农业等方面，通过政策支持、创新服务和产业协同等方式，推动产业发展和经济转型。

七、跨区域合作园区

产业园区跨区域联动合作模式是指不同地区的产业园区之间通过共享资源、优势互补、协同发展等方式进行合作，以促进产业链的完善和区域经济的整体提升。

实现产业园区跨区域联动合作模式需要采取以下方法：

（一）建立跨区域合作机制：产业园区需要建立跨区域的合作机制，包括政府间合作、企业间合作、产学研合作等。通过建立合作机制，可以促进园区间的信息共享、资源整合和协同发展。

（二）制订合作计划和政策：为了推动跨区域联动合作，产业园区需要制订具体的合作计划和政策。这些计划和政策应包括合作领域、重点项目、投资规模、利益分配方式等，以引导企业和资本参与跨区域合作。

（三）搭建合作平台：产业园区需要搭建合作平台，以促进园区间的信息共享、技术交流和商务合作。这些平台可以包括产业联盟、技术转移中心、企业孵化器等，为园区内企业提供多元化的服务。

（四）加强区域间沟通与协调：产业园区需要加强区域间沟通与协调，了解合作方的需求和关切点，以寻找最佳的合作方式和途径。此外，园区还需要积极参与到相关政策的制定和实施中，为企业争取更多的发展机遇和政策支持。

产业园区跨区域联动合作模式的特点包括：

（一）多元性：该模式涉及多个主体、多个区域间的合作，具有多元性的特点。

（二）系统性：该模式需要协调不同区域间的政策、资源、产业结构等方面的差异，形成系统性的合作模式。

（三）开放性：该模式强调开放包容、互利共赢，通过资源共享、优势互补实现共同发展。

（四）创新性：该模式鼓励创新思维和发展方式，通过创新来引领产业升级和区域协同发展。

产业园区跨区域联动合作模式的运营方式包括：

（一）政府引导：政府需要发挥引导作用，制定相关政策和规划，促进产业园区间的联动合作。

（二）企业主导：企业是跨区域联动合作的主体，应积极参与到合作中来，通过合作实现共赢发展。

（三）平台支撑：搭建合作平台可以促进信息共享和技术交流，为园区内企业提供多元化的服务。

（四）协同发展：产业园区需要积极参与到协同发展中来，推动不同产业之间的融合和创新发展。

国内产业园区跨区域联动合作模式主要有以下几种类型：

（一）飞地经济模式：不同地区的产业园区之间通过跨空间的行政管理和经济开发，实现两地资源互补、经济协调发展的一种区域经济合作模式。例如，漕河泾开发区在闵行区浦江镇扩建浦江高科技园，享受与漕河泾开发区相同的税收优惠和政策。

（二）产业联盟模式：两个或多个产业园区之间通过产业联盟的方式，共同打造一个完善的产业链，实现资源的优化配置和协同创新。例如，上海自贸区与浦东新区合作，共同打造了一个以金融、贸易、航运等为核心的产业园区，促进了上海的国际化发展。

（三）技术转移中心模式：产业园区之间通过技术转移中心的方式实现技术共享和协同创新。例如，张江高新区与宝山区合作，共同建设了一个技术转移中心，为园区内企业提供技术转移、知识产权保护等服务。

（四）企业孵化器模式：产业园区之间通过企业孵化器的方式实现企业培育和产业转型升级。例如，清华科技园与丰台科技园合作，共同建设了一个企业孵化器，为园区内企业提供创业支持、融资服务、市场资源等方面的帮助。

以下是两个成功的例子：

（一）哈尔滨与深圳产业园区的跨区域联动合作：哈尔滨与深圳两市共建深圳(哈尔滨)产业园区，以整体委托的"飞地经济"模式从发展理念、体制机制、科技创新、高端产业等方面融合发展。两市政府共同出资组建公司并设立了10亿元的深哈产业投资基金和1亿元的天使基金，推动科技创新企业与深圳资本市场对接。深哈园区通过复制深圳招投标评定分离、新型产业用地（M0）等先进政策，聘请国内外一流团队，完成园区综合规划的编制，规划构建高水平的综合暖廊和产业新城。优化营商环境，打造产业全生命周期发展平台。

（二）江苏苏州工业园和浙江嘉兴经济技术开发区跨区域联运合作：在江苏省和浙江省的交界处，有两个产业园区——苏州工业园和嘉兴经济技术开发区。这两个园区在地域上紧密相连，但在过去，它们之间的联系并不密切。为了改变这种情况，两个园区开始探索跨区域联动合作模式。

首先，两个园区共同建立了产业合作联盟，以推动双方企业的交流与合作。联盟为企业提供了互相了解、探讨合作的平台，同时鼓励企业进行跨区域投资、合作建立生产基地。

其次，双方共同打造了"飞地经济"模式。在这种模式下，苏州工业园和嘉兴经济技术开发区分别拿出部分土地，共同建设一个跨区域的产业园区。这个产业园区既享受到了苏州工业园的优质企业资源和产业基础，也利用了嘉兴经济技术开发区在海洋产业方面的优势，实现了双方的优势互补。

最后，两个园区还推动了人才的跨区域流动。他们共同建立了人才交流平台，鼓励双方企业互相派遣员工进行学习和交流，以提升员工的业务水平和管理能力。

经过几年的努力，苏州工业园和嘉兴经济技术开发区不仅实现了跨区域联动合作模式的初步目标，推动了双方的共同发展，还为其他产业园区开展跨区域联动合作提供了有益的借鉴。

这些成功的例子说明了跨区域联动合作模式对于推动区域经济发展和提高企业竞争力的重要作用。

总的来说，实现产业园区跨区域联动合作需要政府、企业和园区的共同努力。政府需要发挥引导作用，制定相关政策和规划；企业需要积极参与到合作中来，通过合作实现共赢发展；园区需要搭建合作平台，促进信息共享和技术交流，为园区内企业提供多元化的服务，并积极参与到协同发展中来，推动不同产业之间的融合和创新发展。

综合以上分析，我们需要把握好产业园区运营模式的优化与创新的前瞻性理念。

从单一的产业园区向综合型科技社区转型：未来的产业园区将不再仅仅是某个产业的聚集地，而是将成为一个集研发、办公、商业、住宅、休闲等多种功能于一体的综合型科技社区。这样的综合型科技社区可以更好地满足人才的需求，提供更为完善的配套服务，从而提升园区的整体竞争力。

以人才为核心：在新的发展阶段，人才成了企业最核心的资源之一。因此，产业园区需要更加注重人才的引入和培养，通过优化人才政策、提供良好的人才服务以及搭建人才交流平台等措施，吸引更多的人才来到园区，为园区的产业发展提供强大的支撑。

数字化与智能化：随着科技的不断发展，数字化与智能化成了产业园区未来发展的重要趋势。通过引入先进的科技和智能化设备，产业园区可以实现更加高效、精准的运营和管理，提供更加优质的服务，同时也可以提高园区的整体创新能力。

绿色发展：随着环保意识的不断增强，绿色发展成了社会各界越来越关注的话题。产业园区在运营模式优化和创新的过程中，需要特别注重环保和绿色发展，推广环保理念和绿色技术，打造绿色生态园区，实现可持续发展。

创新服务模式：传统的服务模式已经无法满足现代产业园区的发展需求。因此，产业园区需要创新服务模式，提供更加多元化、个性化、精准化的服务，以满足企业和人才的需求。例如，可以搭建创业服务平台，提供更加全面的孵化服务、技术支持和市场推广等。

总之，产业园区运营模式的优化与创新需要关注多元化、人才、数字化与智能化、绿色发展以及创新服务模式等方面，以适应不断变化的市场需求和发展趋势。同时，也需要根据园区的实际情况和发展需求，制定合适的策略和措施，推动园区的可持续发展。

第五节 产业园区运营模式的创新之路

"无创意，不创新，毋宁死"，这是因成功拯救克莱斯勒汽车公司而名噪一时的著名企业家艾柯卡的格言。创新是系统性工程，贯穿企业所有部门和所有人的一切经营和管理过程。它包括工具的创新、工作方式的创新、流程的创新、组织结构的创新、产品的创新等，是企业永不止息的改变过程。

创新关系到企业的生死存亡。虽然所有的机会都伴随风险，所有的收益都有成本，但只有不断创新，企业才能有更多的机会和利润。

最重要的是，创新是引领潮流的方式。例如，亚马逊每年最大的奖就是总裁创新奖；苹果公司通过创新引领潮流，不断改变大众的生活方式。在改变生活方式的同时，企业也创造了巨大的赢利空间。

因此，创新对于企业来说非常重要，它是企业发展的生死存亡线。

同样，产业园区的运营创新也是与产业园区短期竞争生存和长期的持续发展密切相关的，如果园区开发商及运营商不时刻保持创新态势，园区良好的经营态势和发展后劲就不可能得到保证。前面的章节对园区的运营创新做了比较清晰的梳理，总体而言，产业园区的运营创新包括园区经营模式创新、园区优惠政策创新、园区综合服务创新等。在这三个方向的运营创新中，园区经营模式创新是本源性的，对园区创新具有最核心和最深远的影响；园区优惠政策创新是基础性的，不可或缺，其作用在于保障和支撑；园区综合服务创新是叠加性的，能起到锦上添花的作用。

一、经营模式的本源性创新

园区经营模式的创新是本质的创新，是战略方面的高层次创新。这种创新将带来园区经营的高度差异化，从而开创园区独有的经营模式，新的经营模式的形成过程，实际上就是园区建设的理念重树、产业重构、资源重组和企业重造的过程，将给园区带来脱胎换骨的变化。

园区的硬件载体、配套基础设施等，比较容易复制和模仿，但软性的运营，想效仿却很难。经常出现这样的情况，相同的经营模式让不同的团队操盘，得到的结果却是千差万别。所以，运营是个综合的活儿，在于人，更在于机制。下面让我们看看运营的创新是怎么改变一个个企业的命运的。

（一）面临倒闭困境的杭州云栖小镇是如何通过运营模式创新逆袭成为杭州科技领航新高地的

杭州云栖小镇由阿里巴巴集团投资兴建，定位于创新型的科技园区。但是，由于经营乏力，创新工作不到位，在开始阶段，园区的发展困难重重，到园区落地的企业数量少之又少，由于不景气，还导致原有租户流失严重，园区一度徘徊在倒闭和破产的边缘。

要让云栖小镇振兴重生，就必须进行运营模式的全面创新！为此，阿里巴巴集团转变思路，将云栖小镇从传统的科技园区，改造成为一个更加开放和综合的创新生态系统，把运营的核心放在与政府、初创企业、创投机构以及高等教育机构等的合作上，建立一个全方位的创新支持体系，让体系真正催生园区的一系列创新活动。

首先，云栖小镇引入了云栖大会，云栖大会是以引领计算技术创新为宗旨的大会，其前身可追溯到2009年的地方网站峰会。经过两年的发展，2011年，地方网站峰会演变成阿里云开发者大会；2015年正式更名为"云栖大会"，并永久落户杭州市西湖区云栖小镇。云栖大会承载着计算技术的新思想、新实践、新突破，见证了中国计算产业的萌发与革新。云栖大会吸引了全球的科技企业、创业者和投资者，对改变云栖小镇起到了重要的作用。通过举办云栖大会，云栖小镇得以向世界展示其科技产业特色，吸引了更多的科技企业和人才聚集于此。此外，云栖大会还为小镇带来了更多的科创平台和产业链，进一步提升了其科技产业能级和影响力。云栖小镇也因此逐渐发展成为一座人文气息和科技感并存的新兴小镇，为杭州市的经济发展和产业转型做出了贡献。

其次，云栖小镇引入了浙江大学城市学院，城市学院是云栖大会的重要组成部分，旨在将云计算、大数据、人工智能等前沿科技应用于城市管理和公共服务等领域，推动城市数字化转型和现代化建设。城市学院为云栖小镇带来了以下变化：

1.引进高端人才：邀请了众多国内外知名专家、学者和企业家，为城市管理和产业发展提供智力支持，为云栖小镇吸引了更多高端人才。

2. 促进科技创新：通过开展各类研究项目和实践案例，推动科技创新和数字化转型，为云栖小镇的科技产业注入新的活力。

3. 提升城市形象：通过举办各类活动和交流会议，扩大了云栖小镇的知名度和影响力，提升了城市的形象和地位。

4. 推动产学研合作：为政府、企业、高校和研究机构提供了一个交流和合作的平台，促进了产学研合作，推动了科技成果转化和产业化。

5. 此外，城市学院还建立了云栖创投基金。云栖创投基金是一家专注于互联网产业和技术驱动的投资企业，主要投资互联网产业（包括物联网、大数据、云计算、人工智能等）及相关领域的早期项目。

云栖创投基金在投资过程中，不仅提供了资金支持，还为被投资企业提供了阿里巴巴集团的各种资源，包括技术、市场、人才等。这为被投资企业提供了更多的发展机会和空间，同时也帮助阿里巴巴集团更好地发掘和掌握未来的技术趋势和商业机会，为有潜力的初创企业提供资金支持。这一举措吸引了更多的创业者和创新项目入驻云栖小镇，推动了园区的发展。

通过大手笔、全方位、立体而系统的运营模式创新，云栖小镇腾笼换鸟，成功地摆脱困境，重新焕发生机，成为浙江省数字经济发展的缩影和高质量发展的代表。云栖小镇先后获得了杭州市"最强产业小镇"、杭州金巢奖、浙江省命名特色小镇考核优秀、"亩均效益"领跑者、海峡两岸青年创业基地、国家AAA级旅游景区、创新人才培养示范基地、杭州"数字经济旅游十景"等荣誉。

这个案例表明，更新经营模式，打造创新生态系统，是面临困境的产业园区重新出发的捷径。

（二）上海玻璃产业园：不按常规出牌，产业园还可以这么建

要说产业园区在建设方式上的出人意料，上海玻璃产业园绝对首屈一指！按照常规做法，一般的产业园区在建设伊始都是大兴土木、大搞厂房及物业的成片基础建设，上海玻璃产业园却别出心裁，出人意料地在前期建了一个玲珑剔透、璀璨夺目、极具特色的玻璃博物馆！

玻璃博物馆的设计风格独特，通过现代设计和传统玻璃工艺的结合，营造出独特的视觉效果和艺术氛围。展品数量众多，精美绝伦，包括来自世界各地的玻璃制品，展示了玻璃制品在各个时代和地区的特色和演变。此外，博物馆还提供了很多互动体验项目，让参观者可以亲身体验制作玻璃的过程和技术，加深对玻璃工艺的理解和感受。这样一个集展览、设计、互动体验和文化交流于一体的特色博物馆，为参观者提供了全面而深入地了解和感受玻璃工艺的独特魅力的机会。每个周末，玻璃博物馆人头攒动，参观体验者络绎不绝……随后，以玻璃博物馆为基础的"GLASS+"产业园区才正式开始动工，十几倍于玻璃博物馆的玻璃主题创意产业园区在万众瞩目中正式崛起于上海近郊！

先建博物馆，再建产业园，先造品牌效应，再搞产业开发，一开始就让人充满期待！这样的产业园区建设思路出新、出奇，确实让人拍案惊奇！上海玻璃产业园找到了产业启动的核心因子，以创新为驱动、创意为先导，打造了一个集创新、产业、文化、生态和公共服务于一体的综合性运营平台，为玻璃产业的发展和升级做出了积极贡献，走出了一条特色产业运营的成功之路。

（三）猪八戒网创建"虚拟产业园"

首先我们来了解一下云创业园的创新形态。云创业园是一种新型的创新创业生态系统，旨在通过互联网技术和云计算服务，为创业者提供线上与线下相结合、资源与资本相结合、创新与产业相结合的服务和支持。云创业园的创新形态主要体现在以下几个方面：

线上与线下的结合：云创业园通过互联网技术和平台，将线下的物理空间（如孵化器、加速器、园区等）与线上的虚拟空间（如平台型创业服务机构、在线教育平台、社交网络等）结合，形成一个立体的创新创业生态系统。在这个生态系统中，线上的服务和资源可以为线下提供更好的支持和服务，线下的实体空间则可以为线上提供更好的落地和体验。

资源与资本的结合：云创业园通过整合各种资源，包括人才、技术、信息、市场、政策等，为创业者提供全方位的支持和服务。同时，云创业园还通过与金融机构、投资机构、风险投资基金等合作，为创业者提供融资和投资服务，实现资源与资本的有机结合。

创新与产业的结合：云创业园以创新为引领，以产业为基础，通过吸引和培育各种创新型企业、团队和个人，促进产业升级和创新型经济的发展。同时，云创业园还通过搭建公共服务平台、技术转移平台、知识产权保护平台等，促进创新成果的转化和产业化。

人才与教育的结合：云创业园通过与高校及培训机构等合作，建立人才培养体系和人才库，为创业者提供优秀的人才资源和智力支持。同时，云创业园还通过举办各种创业培训、创业导师计划、创业大赛等活动，提高创业者的能力和素质，推动创新创业人才的培养和选拔。

国际化与本土化的结合：云创业园在全球化背景下，既关注本土化的人才、市场和文化优势，又积极引进和借鉴国际上先进的创业模式和经验，促进创新创业的国际化发展。同时，云创业园还通过参与国际合作与交流，拓宽视野，提升竞争力，推动国际创新资源的流动和共享。

云创业园是一种基于云计算、大数据、人工智能等技术的新型创业服务平台，其创新形态主要表现在以下几个方面：

云服务模式：云创业园采用云计算技术为创业者提供高效、便捷的云服务，包括基础设施、平台工具、数据存储、应用开发等方面的支持。

多元化服务：云创业园不仅提供基础设施和技术支持，还为创业者提供多种增值服务，如市场推广、人才招聘、融资对接、法律咨询等，以帮助创业者快速成长。

开放式平台：云创业园构建了开放式的创业生态系统，与各类创业资源方合作，共同打造一个共享共赢的创业平台，吸引更多的创业者加入其中。

智能化管理：云创业园采用大数据、人工智能等技术手段，对创业者的行为数据进行分析和挖掘，实现智能化管理，为创业者提供更精准的服务。

产业协同发展：云创业园通过整合产业链上下游资源，促进产业协同发展，推动创新创业与经济发展的良性互动。

猪八戒网创建的"虚拟产业园"是类似这样的一种新型的产业组织形式，它依托互联网平台，整合线上和线下资源，为入驻企业提供全方位的服务和支持，推动企业的发展和创新。

该虚拟产业园是在重庆市经济和信息化委员会、重庆市工商管理局和重庆市北部新区管委会的支持下，以猪八戒网为平台打造的文化创意产业集群。虚拟产业园具有以下几个特点：

依托猪八戒网平台，整合线上资源，为企业提供工商注册、企业孵化等服务，同时通过平台曝光和派单的方式，帮助服务商获取更多订单和客户。

虚拟产业园打破了时间和空间限制，使得企业可以在任何时间、任何地点进行交易和服务，实现了线上与线下的深度融合。

虚拟产业园为入驻企业提供一站式的服务，包括工商注册、人才招聘、法律咨询、财务管理等多个方面，帮助企业解决各种问题，提高企业效益。

虚拟产业园通过技术手段，实现了信息的快速传递和交易的便捷化，大大提高了交易效率和客户满意度。

虚拟产业园还具有灵活多变的特点，可以根据市场需求和入驻企业的需求，随时进行调整和升级，满足不同层次的需求。

从实践中我们看到，虚拟产业园作为一种线上产业园区，通过将互联网与传统产业相结合，实现了产业优化和转型升级。它依托猪八戒网庞大的用户群体和大数据分析能力，整合产业链上下游资源，形成了一种新的产业生态。

虚拟产业园的成果主要体现在以下几个方面：

资源整合：虚拟产业园将分散的产业链上下游资源进行整合，形成协同效应，降低企业间的沟通成本和交易成本，提高产业效率。

产业升级：通过大数据分析和用户需求反馈，虚拟产业园能够引导产业向更加智能化、个性化、服务化的方向发展，推动产业升级。

品牌推广：虚拟产业园为入驻企业提供了一个集中的展示平台，能够提升企业品牌的知名度和曝光率。

创新创业：虚拟产业园汇聚了大量的创业者、投资人、专家等资源，为创新创业提供了良好的环境和支持，促进创新创业发展。

总体来说，猪八戒网创建的"虚拟产业园"在推动产业升级、促进创新创业、提高企业效益等方面取得了显著的成果。

（四）政策创新是产业园区发展的坚实保障

产业园区要落地和发展，优惠政策的创新是其坚实的保障。一般来说，各地比较宏观的产业扶持政策和招商优惠政策大都由区域政府（管委会）主导制定。而产业园区则负责制定微观政策，诸如各种优惠补贴及各类有偿服务（包括公共平台使用）的费用减免。

由于各地都十分注重产业发展和招商引资，所以，优惠政策的力度往往成为各个城市、各个园区在招商运营时比拼的关键，优惠政策促进了企业的入驻和项目的落地，但也不可避免地滋养了一批"吃政策饭"的企业。所以优惠政策的制定，对各地政府和产业园区的平衡能力，也是一大考验。

因此，如何做好"一企一策"就显得十分重要，针对不同的企业，需要了解其发展需求、产业特点、发展阶段等，以便制定不同的政策。

另外，制定新政策要根据企业需求，在园区原有各项政策的基础上，进行适当组合和调整，形成政策的组合式创新，制定个性化的政策方案，包括税收优惠、财政补贴、人才政策等。

政策的持续性和严肃性也必须得到保证，很多园区当初承诺给企业的优惠政策迟迟未能兑现，这会极大地损耗企业的发展动能，破坏优惠政策出台的初衷。

表 4-1 广东省珠海市产业园区"一企一策"梳理

产业园区名称	企业名称	行业类别	政策扶持	政策优惠	政策力度
珠海市金湾区航空产业园	珠海保税区启航工业园有限公司	航空制造与维修	有	固定资产投资补贴	中等

续表

产业园区名称	企业名称	行业类别	政策扶持	政策优惠	政策力度
珠海市高新区科技创新产业园	珠海市魅族科技有限公司	电子信息	有	高新技术企业认定与资助	较大
珠海市香洲区科技创新园	珠海市欧比特宇航科技有限公司	航空航天与卫星应用	有	技术改造项目资助与税收优惠	大力支持
珠海市富山工业园	珠海市联发实业有限公司	机械制造与装备制造	有	企业研发机构建设补贴与税收优惠	中等偏上
珠海市斗门区新青科技工业园	珠海市三洋电机有限公司	电子信息与智能制造	有	技术研发项目资金补贴与税收优惠	大力支持

下面我们来看两个"一企一策""一事一议"的案例。

（一）杭州市滨江区电商产业园采取的"一企一策"的措施，主要针对不同电商企业制定个性化的政策，以提供更好的支持和帮助

1. 跨境电商企业

提供跨境电商培训：产业园与相关机构合作，为跨境电商企业提供跨境电商平台操作、跨境支付、海关通关等方面的培训。

物流支持：与物流企业合作，为跨境电商企业提供物流仓储、跨境物流配送等方面的支持。

金融支持：为跨境电商企业提供融资、信贷等方面的金融支持。

2. 互联网电商企业

办公场所：提供适合互联网电商企业的办公场所，以及灵活的办公空间租赁方案。

人才引进：与高校、人才市场合作，为电商企业引进合适的高素质人才。

税收优惠：给予一定程度的税收优惠，降低企业税负。

3. 其他支持

成立专门的电商产业服务中心，提供全方位的服务支持，包括政策咨询、法律服务、知识产权保护等。

提供一定额度的资金支持，用于企业的研发、市场推广等方面。

通过这些针对性的优惠政策和全方位的服务支持，杭州市滨江区电商产业园成功吸引了众多电商企业入驻，并实现了快速发展。

（二）苏州工业园区生物医药产业园针对生物医药企业的特点，制定了一系列的政策支持，以吸引更多企业入驻并推动产业快速发展

1. 研发创新支持

提供先进的研发设备和实验室，为生物医药企业提供良好的研发环境。

提供科技创新支持，包括科研项目资助、专利申请支持等。

设立生物医药产业引导基金，鼓励企业加大研发投入，推动技术创新。

2. 人才引进支持

提供人才公寓、住房补贴等优惠政策，吸引高端人才入驻。

与高校、科研机构合作，开展人才招聘和培养计划，为生物医药企业提供充足的人才支持。

3. 临床试验支持

提供临床试验基地，为生物医药企业开展临床试验提供设施和场地。

与医疗机构合作，为企业提供临床试验指导和专业咨询服务。

4. 金融支持

设立生物医药专项基金，为生物医药企业提供资金支持。

鼓励银行等金融机构为生物医药企业提供贷款、融资等金融服务。

5. 产业孵化支持

成立生物医药产业孵化器，为初创生物医药企业提供办公场所、资源支持和指导服务。

提供知识产权保护、法律咨询等专业化服务，为生物医药企业创造良好的发展环境。

这些创新的优惠政策和全方位的服务支持，使得苏州工业园区生物医药产业园成为国内领先的生物医药产业聚集区之一，吸引了众多生物医药企业入驻，推动了产业的快速发展。

表4-2　苏州工业园区2020年及2020年后出台的招商优惠政策

序号	出台时间	优惠政策	政策描述	实施范围
1	2020年7月	企业所得税优惠	对符合相关条件的企业，按15%的税率征收企业所得税	园区内所有企业
2	2021年4月	增值税优惠	对园区内企业提供的部分特定服务，免征增值税或按照即征即退的方式给予增值税退税	符合特定服务范围的企业
3	2022年2月	个人所得税优惠	对在园区内工作的员工，其个人所得税按一定比例进行减免或返还	园区内所有企业员工
4	2021年9月	土地租金优惠	对园区内企业提供低于市场标准的土地租金或免费使用土地的优惠政策	园区内所有企业，部分特定企业除外

续表

序号	出台时间	优惠政策	政策描述	实施范围
5	2022年1月	设备购买优惠	对园区内企业购买特定设备或进行技术改造给予资金补贴或税收减免的优惠政策	符合特定设备和技术改造要求的企业
6	2021年6月	人才引进与培训支持	为园区内企业提供人才引进和培训支持，协助解决人才短缺问题，提高企业竞争力	园区内所有企业，部分特定企业除外
7	2021年12月	融资支持	对园区内企业提供融资支持，包括贷款、担保、保险等，帮助企业解决资金问题	符合融资支持条件的企业
8	2022年3月	信息与服务支持	为园区内企业提供市场信息、技术咨询、法律援助、人力资源等服务支持，帮助企业更好地适应市场环境	所有在园区内的企业，部分特定企业除外
9	2021年3月	企业孵化服务	为初创企业提供办公场所、创业指导、投融资服务等孵化支持，降低创业门槛，提高创业成功率	符合初创企业条件的企业
10	2022年8月	环保与能源效率优惠	对园区内企业实施环保和能源效率的优惠政策，如减免环保设备购置费用、提供清洁能源补贴等	符合环保和能源效率要求的企业，部分特定企业除外

二、拓展综合服务的创新

产业园区综合服务涉及市场推广服务、管理咨询服务、法律咨询服务、技术服务、金融服务、人才服务等多个专业领域，是公共服务平台建设的核心内容。园区综合服务内容丰富、形式多样，可以"一本正经式"，也可以"不务正业式"。下面看看几个富有创意的案例：

（一）浙江梧桐工业园别出心裁，创办"企业身份证"

浙江省桐乡市梧桐工业园，以针织服装、机电机械、新特材料等为重点产业。为了提供更有针对性的服务，园区实施了富有创意的"企业身份证"制度。

这张"企业身份证"给每一家企业制作了专属档案，包含企业供地时间、投产时间、用地面积、销售情况、上缴税收、累计生产性投入、计划总投资等情况，当然也包含了企业的基本信息、经营状况、管理团队等信息，以及企业在园区内的信用评级、银行贷款等情况，内容详尽，可谓是企业的身份手册。

随着"企业身份证"的推出，园区管理部门可以更加全面地了解企业的状况，为企业提供更加精准的服务。同时，企业之间也可以相互了解、建立信任，有利于形成良好的商业生态。这不仅是园区管理部门服务升级的体现，更是园区内企业发展的需要。企业可以更好地展示自己，吸引更多的合作伙伴和投资者，同时也可以更好地了解竞争对手，制定更加精准的市场策略。可以说，浙江梧桐工业园的"企业身份证"是一种创新的管理模式，为园区内企业的发展提供了有力支持。

（二）昆山开发区的文化认同建设

昆山开发区有许多园区文化建设特色，其中包括：

"亲商"文化：昆山开发区一直秉承"亲商"文化理念，以服务企业为宗旨，营造良好的营商环境。这种文化表现在各个方面，如政府的服务意识、政策的透明度、企业之间的互帮互助等。

"三好"文化：昆山开发区积极倡导"三好"文化，这种文化强调企业要以诚信为本，注重产品质量和服务质量，打造自身品牌和口碑，实现可持续发展。

时尚文化：昆山开发区注重时尚文化的建设，通过举办各种时尚活动，如时装周、音乐节等，提升文化品位，吸引年轻人才。

绿色环保文化：昆山开发区积极推广绿色环保理念，注重生态环境保护，建设绿色园区，推动企业采用环保技术和绿色生产方式。

其中昆山市妇联策划推出的"扎根工程"就非常有特点。"扎根工程"是昆山市妇联为进一步深化女企业家商会建设，通过组织开展"六个一"系列活动，即一次学习调研、一个交流平台、一场联谊活动、一次考察学习、一堂专题讲座、一次主题沙龙，扎扎实实为女企业家服务，凝聚女企业家的力量，助推昆山非公经济健康发展。

（三）苏州工业园法律服务"高大上"

1.为各类市场主体提供全方位、全覆盖、全流程、全生命周期的法律服务。园区为中心量身定制了发展规划，引入了专业运营机构，围绕商事争议解决、数字经济治理、知识产权等热点领域定期举办法律沙龙，加快释放产业集聚效应。

2.打造"法风和暖"诉讼服务品牌。园区诉讼服务大厅集约高效之美，是便民、利民、亲民之美，这是园区打造"法风和暖"诉讼服务品牌的结果。

3.推出"扎根工程"。为将自贸片区法律服务中心打造为立足苏州工业园区，覆盖苏州市，辐射长三角，在全国有影响的法律服务新高地，为各类市场主体提供全方位、全覆盖、全流程、全生命周期的法律服务，园区为中心量身定制了发展规划，引入了专业运营机构。

4.高效服务。首批进驻中心的法律服务机构——星衡平民商事中立评估和调解中心是全省第一家独立的中立评估和调解机构。在处理乌干达某水业公司与苏州某机械公司设备买卖纠纷中，该中心的中立评调员站在专业角度为双方制定了预处理方案，法院据此协调双方达成调解协议，最终案件得以圆满解决，案涉设备顺利出口至乌干达。

事实证明，园区的综合服务形式多样，企业急需，只要在形态上尽心创意，在内容上诚心服务，就会取得意想不到的效果。

以上是一些产业园区进行运营创新的独特手段。要根据产业园区的自身情况找到运营创新之路，需要一个系统的方法和步骤，我们来做一下梳理和提炼：

1. 明确产业园区的定位和发展目标

首先需要明确产业园区的定位和发展目标，包括园区的产业定位、发展方向、核心竞争力以及远景规划等。这个过程需要充分考虑园区的区位优势、政策支持、资源条件和发展趋势等因素。

2. 分析产业园区的现状和问题

通过对园区现状的深入了解和分析，找出存在的问题和瓶颈，如产业配套不完善、招商引资效果不理想、服务体系不够健全等。

3. 挖掘产业园区的优势和潜力

通过深入挖掘园区的优势和潜力，找到园区的核心竞争力，如人才资源、产业链完整度、技术研发能力等。同时要分析园区未来发展的趋势和潜力，为后续的运营创新提供方向。

4. 制定运营创新的策略和方案

根据园区的定位、现状、优势和潜力，制定运营创新的策略和方案。这个过程需要考虑以下几个方面：

（1）服务体系创新：根据园区企业的需求，提供全方位的服务支持，包括政务服务、金融服务、法律服务、人力资源服务等。

（2）产业协同创新：搭建产业协同创新平台，促进企业之间、企业与科研院所之间的合作与交流，实现产业链的深度融合。

（3）招商引资创新：完善招商引资机制，吸引优质企业入驻园区，同时鼓励园区企业加强与外部企业的合作。

（4）管理模式创新：采用现代化的管理手段和方法，优化管理流程，提高管理效率，为园区企业提供更加便捷、高效的服务。

（5）科技创新：加强技术研发和创新，提升园区企业的技术水平和创新能力，培育新的经济增长点。

（6）生态环境创新：注重园区的生态环境建设，推行绿色发展理念，建设低碳、环保、宜居的产业园区。

5. 实施运营创新方案

根据制定好的运营创新方案，开始实施并进行实时监测与评估。在这个过程中，要注重以下几个方面：

（1）资源整合：充分调动和利用园区的各种资源，包括人力、物力、财力等，为运营创新提供有力的支持。

（2）合作与交流：积极开展与外界的合作与交流，引进先进的管理经验和技术，不断提升园区的综合竞争力。

（3）风险管理：制定风险防范和应对措施，预防可能出现的风险和问题，确保园区健康稳定的发展。

（4）持续改进：建立反馈机制，及时收集园区企业和相关方的意见和建议，对运营创新方案进行持续改进和优化。

6. 评估运营创新的效果

对运营创新的效果进行评估和反馈，主要包括以下几个方面：

（1）经济效益：评估园区企业的经济效益和增长情况，以及园区整体的财税贡献等指标。

（2）社会效益：评估园区对就业、人才培养、社会文化等方面的贡献，以及企业之间的合作与交流情况。

（3）环境效益：评估园区的生态环境质量和可持续发展水平，以及绿色生产、绿色办公等方面的实践效果。

通过以上步骤和流程，我们就可以根据产业园区的自身情况找到适合的运营创新之路，并不断对其进行优化和改进，实现园区的可持续发展和创新发展。

第五章　产业园区品牌运营管理的创新

品牌管理创新在园区运营中的地位非常重要，因为品牌不仅是园区的核心竞争力和特色，也是园区内企业获得市场认可的重要手段。园区的核心竞争力是园区在市场竞争中获得优势的关键因素，成功的品牌管理可以使园区在目标客户心中占据独特的地位，提升园区的整体形象和知名度，进而吸引更多的优质企业和人才。

第一节　产业园区品牌运营管理的基础知识

一、产业园区品牌运营管理的定义和流程

产业园区品牌运营管理是指通过品牌战略、品牌设计、品牌传播、品牌维护和品牌评估等一系列活动，来提升产业园区品牌的认知度、美誉度和价值，从而增强园区的吸引力和竞争力，推动园区的可持续发展。具体来说，产业园区品牌运营管理流程包括以下几个方面：

（一）品牌诊断：首先对园区进行全面的调查和分析，了解园区的定位、目标受众、品牌形象、传播渠道等方面的情况，以便为后续的品牌运营提供依据。

（二）品牌定位：确定园区的品牌核心价值和目标受众，使品牌在潜在客户心中占据独特的位置。

（三）品牌形象设计：通过标志、色彩、字体、图案等视觉元素，塑造园区的品牌形象，增强品牌的识别度和记忆性。

（四）品牌传播：利用各种媒体渠道，如广告、公关、社交媒体等，向目标受众传递园区的品牌信息和价值观念，提高品牌的知名度和影响力。

（五）品牌维护：通过持续的质量提升、服务改进、危机处理等措施，维护园区的品牌形象和声誉，增强品牌的信任度和美誉度。

（六）品牌评估：通过市场调查、用户反馈、品牌价值评估等手段，对园区的品牌绩效进行评估和测量，为品牌的优化和发展提供依据和指导。

综上所述，产业园区品牌运营管理是通过一系列品牌活动，来提升园区的品牌价值和竞争力的。

二、产业园区品牌定位、品牌形象和品牌传播的概念和重要性

（一）产业园区品牌定位

产业园区品牌定位是品牌策划的前提和基础，它需要明确园区的核心竞争力和独特价值，确定产业方向和发展目标，并通过深入了解目标受众和市场需求来实现精准定位。

在定位过程中，需要考虑的关键因素包括产业方向、企业文化和竞争对手。首先，需要明确自身的产业方向和内外部环境，确定品牌定位，包括品牌形象、产品定位和服务定位等。其次，产业园区的企业文化也是构建品牌定位的重要因素，应该注重建设企业文化，增强企业文化的营销力。此外，需要对竞争对手的品牌策略进行分析，寻找差异化定位的机会也是关键。

品牌定位策略决定了产业园区品牌的发展方向和发展路径，其重要性不言而喻。因此，在制定定位策略时，要注重观察自身实力和市场需求，掌握行业动态，及时调整策略，实现品牌差异化和可持续发展。

（二）产业园区品牌形象

产业园区品牌形象是品牌定位的外在表现形式，它通过品牌名称、标识、口号、色彩、字体等视觉元素来传达品牌的核心价值和定位。

在塑造产业园区品牌形象时，需要考虑以下几个方面：

1. 品牌名称：品牌名称应该简洁、易记、具有辨识度，并且能够准确传达园区的核心价值和定位。

2. 品牌标识：品牌标识应该具有识别度高、造型简洁、易于记忆等特点，能够与园区形象相匹配。

3. 品牌口号：品牌口号应该简短有力，能够激发情感和行动力，能够反映园区的核心竞争力和特色。

4. 品牌色彩：品牌色彩应该与园区形象相协调，能够增强受众对品牌的认知度和记忆。

5. 品牌字体：品牌字体应该清晰易读、具有现代感，能够与园区形象相匹配。

（三）产业园区品牌传播

产业园区品牌传播是推广品牌的有效方式，它通过各种渠道和手段，将品牌的信息准确地传递给目标受众，以提高品牌的知名度和影响力。

在品牌传播过程中，需要考虑以下几个方面：

1. 媒体宣传：通过参与当地和行业媒体的宣传活动，可以在更广泛的范围内推广产业园区的品牌，让更多的人知道产业园区的存在。

2. 网络推广：通过网络推广，例如社交媒体推广、搜索引擎推广、网络广告推广等，可以有效地拓展产业园区的客户群体，提高品牌知名度。

3. 举办活动：举办各种活动，如园区开放日、产业论坛、技术交流会等，可以吸引更多的潜在客户，提高品牌知名度和美誉度。

4. 口碑营销：通过客户口碑的传播，可以增加客户对品牌的信任度，从而吸引更多的潜在客户。

5. 定期报道：定期报道产业园区的最新动态和重大事件，可以提高品牌知名度，吸引更多的关注。

第二节 产业园区品牌运营管理创新的必要性

产业园区品牌运营管理创新有什么好处？创新的重要性和目的何在？在进行产业园区品牌运营管理创新时，我们必须清楚地把握这些问题。

随着全球经济一体化的深入发展，产业园区作为区域经济发展的重要载体，其品牌运营管理创新对于提升园区整体竞争力、促进产业升级转型具有重要意义。品牌运营管理创新不仅能够吸引更多优质企业入驻，提高园区的经济实力，还可以通过品牌效应，扩大园区的影响力，进而提升园区的整体形象。

中国产业园区在发展过程中呈现出百舸争流的局面，但是中国产业园区的品牌运营管理创新也存在着许多不足：

一、品牌意识不足

部分中国产业园区在品牌运营管理创新方面存在意识不足的情况。一些园区更加注重基础设施建设和招商引资，忽视了品牌的重要性和潜在价值。缺乏品牌意识导致园区的形象和价值无法有效传达，限制了园区的发展和竞争力的提升。

二、品牌定位模糊

一些产业园区的品牌定位存在模糊不清的问题。缺乏明确的定位和差异化策略，导致园区在市场中缺乏独特性和竞争优势。缺乏准确的受众目标和定位方向，使得品牌无法有效地与目标受众建立联系和共鸣。

三、缺乏整体规划和统一标准

在中国，产业园区数量众多且分布广泛，但缺乏整体规划和统一标准。这导致产业园区的品牌形象和管理方式存在差异，缺乏整体性和一致性。缺乏统一的品牌标准和管理规范，使得产业园区的品牌形象无法形成整体效应。

四、品牌推广和宣传不足

一些产业园区在品牌推广和宣传方面投入不足。缺乏有效的品牌传播策略和推广渠道，使得园区的品牌形象无法得到广泛的认知和传播。缺乏专业的品牌宣传团队和资源投入，限制了园区品牌影响力的扩大。

五、用户体验和服务质量不尽如人意

一些产业园区在用户体验和服务质量方面存在问题。配套设施不完善、管理不规范、服务不到位等问题影响了用户对园区的满意度和忠诚度。优质的用户体验和服务质量是树立品牌形象和增强品牌价值的重要因素，因此，升级和创新产业园区的品牌管理策略有着非常重要的现实意义。

（一）产业园区的品牌运营管理创新能够大幅提升园区的竞争力

我们都知道，品牌建设与提升竞争力之间存在着密切的关系。品牌作为一种重要的无形资产，可以帮助企业实现差异化，提高识别度，建立信任度，并带来显著的经济效益。产业园区通常处于激烈的竞争环境中，品牌创新可以帮助园区与其他竞争对手区分开来，凸显独特的价值和竞争优势，从而提升园区的竞争力。一个强大的品牌能够吸引更多的企业和投资者入驻园区，推动园区经济发展。

（二）园区品牌运营管理创新能够明显增强园区知名度和影响力

品牌的影响力和知名度是园区建设的重要因素，它能够影响社会公众对园区的认知和评价。通过品牌创新，产业园区能够提升在目标受众中的知名度和认可度。一个具有良好声誉和知名度的品牌更容易吸引人才、吸引投资，并吸引更多的企业与其合作。同时，通过积极的品牌宣传，园区的影响力也会得到提升。总之，具有高知名度和影响力的品牌园区能够更好地吸引企业入驻和投资者关注，从而增加园区的招商渠道和资金来源。

（三）品牌运营管理创新有助于塑造产业园区的良好形象和信誉

一个具有积极形象和良好信誉的园区品牌将更容易赢得用户、客户和合作伙伴的信任和支持。良好的形象和信誉有助于长期合作关系的建立，并为园区吸引更多的资源和机会。

（四）通过品牌运营管理创新，产业园区可以将自身定位为创新和升级的推动者

园区应该注重创新和研发，培育高科技、高附加值产业，吸引优秀的企业和创业者入驻，并提供支持和资源，推动产业的升级和创新发展。

（五）品牌运营管理创新应该注重用户体验和满意度的提升

通过提供优质的服务、丰富的配套设施以及良好的管理和运营，园区可以提高用户的满意度，使其更乐于留在园区并将园区推荐给其他人。这有助于品牌形成良好的口碑和用户忠诚度。

第三节　产业园区品牌运营管理创新的策略

企业或产品的品牌在市场上的认知度和信誉度，是依靠其在使用者内心深处唤起的感觉和印象产生作用的。从本质上来说，园区品牌体现的是园区特色及园内企业核心竞争力和价值。

产业园区品牌建设是一项长期性的工作，需要采取多种手段，充分发挥园区内企业、政府、专业机构、公众等各方的积极性和主动性。具体来说，有以下几种创新方法：

一、科学制定品牌建设规划

任何品牌的打造都是一个长期的过程，产业园区的品牌建设同样如此。在打造产业园区的品牌时，首先要有一个科学的长远规划。这个规划应该包括品牌定位、品牌设计、品牌传播、品牌整合等几个方面。其中品牌定位是基础，只有明确了园区的特色和优势，才能确定园区的品牌定位。品牌设计是关键，要设计出符合园区特色和现代审美观念的品牌名称、标识、口号、广告语等。品牌传播是手段，要通过广告、公关、招商等手段将园区品牌传播出去。品牌整合是保障，要通过整合各方资源，为园区的品牌建设提供有力的保障。

二、加强园区基础设施建设

园区基础设施建设与品牌创新之间存在密切关系。

首先，基础设施建设是园区发展的核心要素之一。优质的基础设施可以吸引更多的企业入驻，提高企业的满意度和口碑，进而推动园区经济的发展。例如，良好的交通、供电、供水、通信等基础设施能提升园区的整体形象和吸引力，为企业提供更好的营商环境和工作体验。因此，为了打造良好的园区品牌，必须加强园区的基础设施建设，包括园区内的道路、交通、水电、通信、绿化等，都要进行科学的规划和建设，确保园区的各项基础设施能够满足园区内企业的生产和发展需求。

三、提高服务质量

服务质量是衡量一个产业园区优劣的重要标准之一。提高服务质量可以提升园区的整体形象和口碑，增加企业的满意度和信任度。这可以通过提供优质的基础设施、专业的服务支持、高效的管理机制等方式来实现。具体来说，要提供全方位的服务支持，包括技术支持、人才支持、金融服务、法律服务、创业服务等。同时，还要建立有效的沟通机制和信息共享平台，加强园区内企业之间的合作与交流。

四、加强与外界的交流合作

产业园区是一个开放性的经济组织，要加强与外界的交流合作，扩大园区的知名度和影响力。可以组织各类招商推介会、项目洽谈会、创新创业大赛等活动，吸引更多的投资者和创业者入园。同时，也可以加强与国内外相关产业园区、企业、行业协会等的联系和合作，共同开展项目合作、技术研发、市场开拓等活动。

五、强化品牌传播意识

强化品牌传播意识是加强产业园区品牌建设的重要举措。政府有关部门要引导园区内企业树立正确的品牌意识，加强品牌的推广和应用。同时，园区管理机构也要加大宣传力度，利用各种媒体和渠道进行品牌宣传,如建立官方网站、微博、微信公众号等平台,定期发布园区动态和活动信息,吸引更多的关注和投资。

六、建立完善的品牌维护机制

建立完善的品牌维护机制是产业园区品牌建设可持续发展的重要保障。要加强对园区内企业的监管和管理,确保企业的合法经营和规范运作。同时,也要加强对园区内知识产权的保护和管理,防止知识产权纠纷和侵权行为的发生。另外,还要加强对园区的环境保护和社会责任履行等方面的管理,树立良好的社会形象和声誉。

产业园区品牌建设是一项长期性、系统性的工作,需要采取多种手段进行创新和推进。在建设过程中,要注重园区的特色和优势,加强基础设施和服务质量建设,提高品牌传播意识,加强与外界的交流和合作,同时也需要建立完善的品牌维护机制,为园区的可持续发展提供有力保障。

那么,如何进行产业园区品牌升级管理呢?下面,我们就产业园区品牌运营管理的创新点作一些具体分析:

(一)**定位和差异化**

基于用户体验的品牌定位创新:通过深度了解用户需求,塑造精准的品牌定位。

传统产业园区常常面临同质化竞争的问题,创新的品牌运营管理应注重品牌定位和差异化策略。通过深入了解目标产业、目标客户和市场需求,确定独特的品牌定位,强调园区的特色和优势,从而在竞争中脱颖而出。

(二)**故事传播**

品牌形象创新:利用讲故事的方式,构建具有吸引力和差异化的品牌形象。

品牌运营管理的创新可以通过讲述故事的方式来吸引目标受众。挖掘产业园区的历史、文化、创新成果等方面的故事,将其转化为吸引人的品牌故事,并通过各种媒介进行传播,提升品牌的知名度和认可度。

(三)**品牌传播创新**

采用多元化的传播手段,包括社交媒体、内容营销、事件营销等,实现高效的品牌传播。

随着社交媒体的普及和数字化技术的发展,品牌运营管理可以借助社交媒体和数字化营销这些渠道进行创新。建立产业园区的社交媒体账号,积极参与互动,发布有趣的内容,与目标受众进行互动,增强品牌与用户的互动性和用户的参与感。

（四）联合营销

品牌运营管理的创新可以通过与其他企业、机构或组织建立合作伙伴关系，进行联合营销。通过与相关行业的领先企业、知名机构或当地政府等进行合作，共同推广品牌，实现资源共享、互惠互利，提高品牌的影响力和竞争力。

（五）体验营销

品牌运营管理的创新可以注重提供独特的体验，通过举办各类活动、展览、培训，让用户亲身体验产业园区的创新成果、专业服务等。通过提供丰富多样的体验，增强用户对品牌的认知和认同，提升品牌的价值和影响力。

（六）数据分析和个性化服务

借助大数据和人工智能等技术，品牌运营管理的创新可以进行数据分析，深入了解用户需求和行为模式，从而提供个性化的服务。通过针对性的推荐、定制化的解决方案等方式，满足用户的特定需求，提升用户的体验感和忠诚度。

除了以上的创新方法，推进品牌生态系统创新的工作更为重要，通过构建完整的品牌生态系统，包括品牌内部的协同以及与外部合作伙伴的协同，提升品牌竞争力和可持续性。

产业园区品牌生态系统的创新需要从多个方面进行推进，包括以下几个方面：

1.引导优势企业创建品牌：产业园区应该积极引导园内具有较大经营规模、优秀产品质量的企业进行商标创建工作，并提供必要的支持和指导，鼓励企业实施品牌延伸策略，提升品牌的知名度和影响力。同时，通过宣传省委、省政府在扶持商标品牌建设发展方面的奖励和补贴政策，动员符合条件的企业争创知名商标、著名商标和驰名商标，形成梯次培育体系。

2.加大品牌扶持力度：对于已经拥有中国驰名商标和省内著名商标的企业，产业园区应该提供更多的支持，如融资担保、品牌评估、人才培训等，帮助这些企业进一步做大、做强。

3.建立品牌生态系统：产业园区需要建立品牌生态系统，包括政策环境、配套服务、创新意识等，为园区的品牌发展提供良好的环境。这需要产业园区制定合适的策略，提供必要的支持和资源，建立创新文化，鼓励企业进行品牌创新。

4.推动企业技术创新：品牌创新往往与技术创新紧密相连，因此，产业园区应该积极推动企业进行技术创新，提升产品技术含量和品质，提升品牌竞争力。

5.建立品牌联盟：产业园区可以引导企业建立品牌联盟，加强企业之间的合作与交流，共同推动园区的品牌发展。

通过以上措施，产业园区可以有效地推进品牌生态系统创新，提升园区的品牌竞争力和影响力。

中国著名产业园区的品牌愿景

中国著名产业园区	产业特色	行业地位	品牌愿景
北京798艺术区	工业与艺术、创意与时尚的完美结合,具有国际影响力的艺术区	中国当代艺术的集中展示区,吸引着各类专业人士及大众的关注	将艺术融入生活,将文化融入城市发展
中电光谷	以信息通信技术为核心的高新技术产业园区	中国信息通信技术的重要载体和发展引擎	打造全球领先的信息技术生态系统,引领中国高新技术产业发展
上海浦东软件园	集研发、孵化、培训、服务于一体的国际化软件产业园区	中国软件产业的重要载体和发展引擎,国际知名的软件研发和出口基地	成为全球软件研发和服务的重要枢纽,推动软件产业向数字化、智能化、全球化发展
中国声谷	以语音人工智能为特色的高端软件产业园	中国语音人工智能创新发展的核心区域,集研发、孵化、服务于一体的高新技术产业基地	将人工智能技术与各行各业结合,推动智能语音产业的快速发展和广泛应用
天府软件园	以信息技术服务、数字创意产业为特色的综合性软件产业园	西部地区软件和信息服务产业的核心区,国家级软件产业基地和数字创意产业聚集区	打造全球领先的软件和信息服务产业园,推动数字创意产业的快速发展和国际化进程
深圳科技园	以高新技术产业为特色的综合性科技园区	中国高新技术产业的重要载体和发展引擎,国际知名的科技创新中心	成为全球科技创新的核心区域,推动高新技术产业的快速发展和国际化进程
中关村科技园	以高科技产业为特色的综合性科技园区	中国高科技产业的重要载体和发展引擎,国际知名的科技创新中心	将科技创新与市场需求结合,推动高科技产业的快速发展和国际化进程,成为中国科技创新的引领者和全球科技创新的中心

第四节　产业园区品牌运营管理创新的实践案例

本节，我们将用国内外的两个例子，来更形象地展示产业园区品牌运营管理创新的精彩过程。

案例1：苏州工业园区品牌升级

（一）背景

苏州工业园区是江苏省苏州市下辖的国家级经济技术开发区，经过多年的发展，现已逐渐成为国内一流的产业园区。然而，随着市场竞争的加剧和国内外经济形势的变化，苏州工业园区需要对其品牌运营管理进行创新，以提升园区的品牌形象和市场竞争力。

（二）创新实践

1. 品牌战略规划

苏州工业园区管委会专门成立了品牌战略规划部门，负责制定和实施园区的品牌战略。该部门通过对园区内企业、产业、文化等资源的深度挖掘和分析，提出了以"创新、绿色、开放、共享"为核心的品牌理念，并制定了与之相匹配的品牌战略。

2. 品牌形象设计

在品牌形象设计方面，苏州工业园区注重将品牌理念与视觉元素结合。通过引入专业设计团队，对园区的标志、标准色、标准字体等进行全新设计，塑造出具有独特性和辨识度的品牌形象。同时，园区还推出了一系列宣传片和海报，通过视觉手段传播品牌形象和品牌理念。

3. 品牌传播推广

为了扩大品牌影响力，苏州工业园区加大了品牌传播推广的力度。除传统的广告宣传和公关活动外，园区还积极利用新媒体和社交网络，开展多元化的品牌传播活动。例如，通过与知名网络平台合作，举办线上招商引资推介会、创新创业大赛等活动，吸引更多的投资者和创业者关注园区。

4. 品牌合作与交流

苏州工业园区积极与国内外其他产业园区、企业、行业协会等开展品牌合作与交流。通过共同举办论坛、研讨会、展览等活动，分享品牌建设和管理的经验和成果，加强相互间的了解和合作。此外，园区还与知名咨询公司、广告公司等开展战略合作，引入外部资源，提升品牌运营管理的水平和效果。

5. 品牌服务提升

在品牌服务方面，苏州工业园区注重提升服务质量，为企业和人才提供更加优质、便捷的支撑。园区加大了对基础设施的投入，完善交通、物流、通信等配套设施，提高园区的硬环境。同时，园区还注重营造良好的软环境，提供全方位的服务支持，如政策咨询、人才引进、融资支持等，为企业和人才解决实际困难，增强其对园区的信任和满意度。

（三）效果

通过一系列品牌运营管理创新实践，苏州工业园区的品牌形象得到了显著提升，市场竞争力也得到了增强。具体来说，取得了以下效果：

品牌知名度提高：通过广泛的宣传推广，苏州工业园区的品牌知名度和美誉度得到了提高，越来越多的人开始关注和了解园区。

吸引投资效果显著：园区的品牌吸引力和影响力增强，越来越多的投资者和创业者选择入驻园区，带动了园区的经济发展。

园区形象提升：通过品牌形象的塑造和传播，苏州工业园区被塑造成为具有创新、开放、绿色、共享等特点的现代化产业园区，园区的形象和地位得到了提升。

带动相关产业发展：园区的品牌建设和管理带动了相关产业的发展，如广告、文化创意等产业在园区内得到快速发展。

增强市场竞争力：通过品牌运营管理的创新实践，苏州工业园区增强了市场竞争力，在与国内其他产业园区的竞争中取得了优势地位。

总之，苏州工业园区的品牌运营管理创新实践为其他产业园区提供了有益的借鉴和启示。

案例2：美国硅谷

硅谷，全球科技创新的中心，是国外产业园区品牌运营管理的经典案例。这个位于美国加利福尼亚州的科技产业区，几乎汇聚了全球最优秀的科技企业、创新机构和人才，形成了全球领先的科技产业链。

（一）品牌定位

硅谷的品牌定位是全球科技创新中心，其目标是推动科技发展，引领全球创新。为了实现这个目标，硅谷着重打造了以下三个方面的品牌形象：

创新文化：鼓励企业营造开放、包容、创新的企业文化，支持员工进行创新尝试，从而吸引了全球优秀的创新人才。

产业生态：通过构建完善的产业链和生态圈，促进了企业之间的合作和创新，实现了科技产业的可持续发展。

政府支持：政府提供了一系列的支持政策，如税收优惠、研发资金支持等，为企业提供了良好的创新环境。

（二）品牌传播

在品牌传播方面，硅谷采取了多种策略：

举办大型活动：如每年的"硅谷科技展"，吸引了全球数万名科技爱好者参加，成为了全球科技产业的重要交流平台。

打造线上社区：通过建立线上社区，吸引全球的科技人才进行交流和分享，进一步提升了硅谷的品牌影响力。

合作推广：与全球各地的科技产业园区、创新机构等进行合作，共同推广科技创新精神，提升了硅谷的品牌知名度和美誉度。

（三）品牌体验

在品牌体验方面，硅谷注重提升参观者和企业的参与感和体验感。

开放参观：许多科技企业开放内部参观，让参观者可以近距离了解科技产品的研发过程和企业文化。

体验活动：举办各种科技体验活动，如 VR 体验、智能机器人互动等，让参观者可以亲身体验科技产品的魅力。

创新创业支持：设立孵化器和加速器，提供资金、技术和市场等支持，帮助创新创业团队实现梦想。

（四）品牌管理

在品牌管理方面，硅谷注重以下几个方面：

品牌授权：对入驻的企业进行严格筛选，确保其与硅谷的品牌形象相符，并对其进行品牌授权。

知识产权保护：建立完善的专利申请和保护机制，保护企业的知识产权，确保品牌的持续创新力。

风险管理:设立风险管理团队,对可能出现的风险进行预警和应对,确保品牌的稳定发展。

硅谷作为全球科技创新中心的产业园区品牌,通过精准的品牌定位、多元化的品牌传播、丰富的品牌体验和科学的品牌管理,成功地打造了全球领先的科技产业品牌形象。其创新性的品牌运营管理策略,为其他产业园区提供了重要的参考和启示。

第六章　产业园区金融创新策略分析与实践

第一节　金融工具在产业园区中的应用

产业园区是促进产业集中、加速技术转移和创新应用的重要平台，对地方经济发展和产业升级具有关键作用。为了实现产业园区的发展目标，金融工具的应用显得尤为重要。本节将详细分析金融工具在产业园区中的多种应用。

一、金融工具的定义

金融工具是指在金融市场中交易的金融资产，包括股票、债券、衍生品等。这些工具为投资者提供了多元化的投资选择，同时也为筹资者提供了多样的筹资方式。

二、金融工具在产业园区中的应用

（一）直接投资

产业园区通过发行股票、债券等金融工具直接筹集资金，用于基础设施建设、企业孵化、技术创新等方面。直接投资在产业园区的使用方法多种多样，园区可以根据自身的发展需要和实际情况，制定合适的直接投资策略，以促进园区的产业发展。以下是一些通用的使用方法：

1. 投资优秀企业：园区可以直接投资园区内的优秀企业，以支持其发展和壮大，同时也可以获取其成长带来的收益。

2. 成立投资基金：园区可以与金融机构合作，成立投资基金，专门投资园区内的优秀企业，以促进其发展和壮大。

3. 支持创新创业：园区可以设立创新创业平台，支持创新创业者开展创业活动，同时也可以直接投资优秀的创业项目，以促进其落实、发展和壮大。

4. 投资基础设施建设：园区可以投资基础设施建设，如道路、水电、通信等，以改善园区内企业的生产和经营环境。

5. 支持科技成果转化：园区可以投资科技成果转化项目，支持科技成果转化为产品或服务，以推动园区内产业的发展和创新。

（二）间接融资

产业园区使用间接融资的方式主要有银行贷款、信托贷款、第三方委托贷款等。金融机构为产业园区内的企业提供贷款、担保等金融服务，助力企业发展。此外，金融租赁、应收账款融资等手段也可以有效缓解企业的资金压力。

以下是具体的步骤和注意事项：

银行贷款：这是产业园区最常用的间接融资方式之一。首先，需要找到一家合适的银行并提交贷款申请。申请中应包含企业的经营状况、贷款用途、偿还能力等信息。然后，银行会对申请进行审核，包括对企业经营状况和贷款用途的考察。如果审核通过，银行会向企业提供贷款，企业需要按照约定的方式和期限还款。

信托贷款：信托公司可以为产业园区提供贷款服务。与银行贷款相似，需要提交贷款申请，接受审核，然后获得贷款。但是，信托公司一般对贷款的用途和企业的经营状况要求较为宽松，因此企业可能更容易获得贷款。

第三方委托贷款：这是产业园区通过委托第三方机构向企业提供贷款的方式。这种方式与银行贷款相似，但第三方机构一般对贷款的用途和企业经营状况的要求更为灵活，因此企业可能更容易获得贷款。

需要注意的是，不同的间接融资方式有不同的特点和要求，产业园区应根据自身的经营状况、贷款用途和偿还能力等因素进行选择。同时，应按照约定的方式和期限进行还款，避免违约行为，保持良好的信用记录。

（三）风险投资

风险投资是指将资金投向具有高成长潜力的初创企业或小型企业，并从中获得资本收益的一种投资方式。产业园区内的创新型企业往往具有较高的成长潜力，吸引风险投资机构的关注。风险投资可以为初创企业提供资金支持，并为企业提供管理、市场等方面的辅导。

在当前的经济发展环境下，产业园区与风险投资之间的联系越来越紧密。产业园区可以为风险投资提供良好的投资环境和资源支持，而风险投资则可以为产业园区内的企业提供必要的资金和指导，加速企业的发展和壮大。以下是一些充分利用风险投资的方式：

1.建立良好的风险投资环境：产业园区可以制定相关政策，鼓励风险投资机构入驻园区，为园区内的企业提供投资和指导。例如，可以提供优惠的税收政策、财政补贴、人才引进等措施，吸引更多的风险投资机构来到产业园区。

2.建立风险投资平台：产业园区可以建立风险投资平台，为风险投资机构和企业提供信息交流、项目对接和融资服务的平台。通过这个平台，风险投资机构可以更方便地了解园区内企业的融资需求和项目信息，提高投资效率和成功率。

3. 提供投后服务：产业园区可以提供一系列的投后服务，帮助风险投资机构更好地管理和监控投资项目。例如，可以提供法律、财务、人力资源等方面的咨询服务，帮助企业更好地发展和规范管理。

4. 加强企业与风险投资机构之间的交流与合作：产业园区可以组织一些交流活动、论坛、讲座等，加强企业与风险投资机构之间的交流与合作。这样可以增加双方的了解和信任，提高投资的成功率。

5. 建立孵化器：产业园区可以建立孵化器，为初创企业提供办公场所、资金、技术、市场等方面的支持。孵化器可以促进企业与风险投资机构之间的合作，为初创企业提供更好的发展环境和机会。

需要注意的是，风险投资对产业园区的发展具有非常重要的作用，不仅提供了资金支持，还通过资源整合、专业管理、创新驱动等多方面的作用，推动了产业园区的发展。以下是风险投资对产业园区的作用：

1. 资源整合：风险投资具有资源整合的作用，能够将分散的资金、技术、人才等各种资源迅速聚集起来，为社会上的闲置资金提供良好的聚集效应。这对于处于发展阶段的新兴产业，特别是高新技术产业，具有非常重要的推动作用。

2. 资金放大：风险投资通过多层次、多渠道的方式，将分散的资金迅速积聚起来，实现了资金的放大效应。这种资金放大功能对于解决高新技术企业在发展过程中出现的资金瓶颈问题，以及推动创新型企业的快速发展具有重要作用。

3. 提供专业管理：风险投资企业通常具有丰富的团队运作和管理经验，可以为新技术或创新型的企业提供先进的企业管理经验和管理人才。这对于缺乏管理经验的初创企业来说，无疑是一个重要的助力。

4. 增强创新动力：风险投资不仅提供资金支持，还能够增强企业的创新动力。为了获得投资，企业必须具有创新的技术和独特的商业模式。这使得风险投资在推动科技创新和商业模式创新方面发挥了重要作用。

5. 构建投资生态：风险投资能够构建一个良好的投资生态环境，通过投资、引导、培育等方式，推动创新企业的发展，并形成一种良好的创新文化。这对于一个产业园区的发展至关重要。

（四）资本市场

产业园区内的成熟企业可以通过资本市场进行融资，包括主板、创业板、新三板等。

资本市场可以为优质企业提供持续的资金支持，帮助其扩大规模、提升竞争力。产业园区可以利用以下几种方式来充分利用资本市场快速发展：

1. 专项产业基金。设立政府专项的基金，对园区的企业进行发展扶持。

2. 产业投资基金。即通常我们说的风险投资基金或私募股权投资基金，是指向具有高增长潜力的企业进行股权或准股权投资，待所投资企业发育成熟后，通过股权转让实现资本增值。

3. 对接资本市场。政府资本招商工具、政府与商业银行合作模式——产业投资基金。

具体来说，产业园区可以利用以上方式从资本市场筹集资金，并通过合理使用这些资金，促进园区的快速发展。此外，产业园区还可以通过建立多元化的投融资渠道，提高园区的资本运作效率。同时，产业园区还可以通过打造产业集群平台，促进企业间的合作与交流，提高园区的整体竞争力。

（五）金融政策

政府通过制定金融政策，引导金融机构加大对产业园区的支持。例如，对符合条件的企业提供贷款贴息、担保补贴等政策，降低企业的融资成本。

产业园区需要了解金融政策，与政府部门沟通合作，打造良好的金融生态环境，提高产业质量和竞争力，以及创新金融服务，争取更有利的金融政策。为此，产业园区应该做好与政府配合的工作。

1. 了解政府金融政策。产业园区需要了解政府在金融方面的政策，包括货币政策、信贷政策、金融监管政策等，以便根据自身情况制定合适的策略。

2. 向政府提出需求和建议。产业园区可以向政府部门反映产业发展和企业需求，提出相应的金融政策需求和建议，以争取更有利的政策。

3. 与政府部门合作。产业园区可以与政府部门建立良好的合作关系，共同制定金融政策，以更好地满足产业和企业的需求。

4. 参与政策制定和评估。产业园区可以积极参与金融政策的制定和评估过程，提出自己的意见和建议，对政策产生影响。

5. 加强金融人才培养和引进。产业园区可以通过加强金融人才的培养和引进，提高金融服务和投资机构的管理水平和专业能力，为争取更有利的金融政策提供支持。

第二节　产业园区金融创新的路径

在产业园区的发展过程中，融资难、融资贵等问题一直困扰着园区内的企业。

产业园区的融资难、融资贵问题主要涉及企业自身、金融机构和政府职能等多方面因素。以下是具体的问题所在：

一、企业自身问题

创业企业普遍经营能力较差，技术含量较低，自有资金不足，抗风险能力差，不能提供抵押或担保，信贷风险高。同时，许多企业内部缺乏规范、准确的财务报表，对园区的融资能力产生严重影响，无形中增加了相应的风险及成本。

二、金融机构问题

大型金融机构普遍倾向于为大企业提供信贷服务，而缺乏为中小企业提供针对性服务的积极性。另一方面，中小型金融机构的服务还不健全，高利贷等地下融资成本更为高昂。

三、资本市场问题

资本市场准入门槛较高，小微企业通过IPO、发行债券等方式进行直接融资的比重较低，获取资金主要依靠银行等金融机构间接融资。

为了解决这些问题，金融创新成为产业园区发展的关键。

金融创新在产业园区中的应用，指的是通过引入新的金融工具、模式和方法，为园区内的企业和机构提供更为优质的金融服务，优化园区的投融资环境，从而推动园区的整体发展。其特点主要表现在以下几个方面：

1. 多元化的融资渠道

传统的产业园区主要依赖银行信贷、企业债券等单一的融资渠道，而在金融创新的推动下，越来越多的融资渠道开始涌现。例如，发行园区债券、设立投资基金、引入风险投资等方式，能够有效地降低企业的融资成本，提高企业的融资效率。

2. 智能化的风险管理

金融创新还带来了更为智能化的风险管理手段。通过运用大数据、人工智能等技术手段，金融机构能够对园区的投融资风险进行更为精准的评估和预测，为企业提供更为个性化的风险管理方案。

3. 个性化的金融服务

金融创新的另一个重要特点是为园区内的企业提供更为个性化的金融服务。例如，针对不同行业、不同发展阶段的企业，金融机构能够为其量身定制金融服务方案，满足企业多样化的金融需求。

从上文我们可以看到，金融创新是产业园区发展的重要驱动力。一方面，金融创新可以通过优化金融资源配置，提高资本效率，降低融资成本，从而促进产业园区的发展；另一方面，金融创新可以从政策、产品、服务等方面入手，为园区内的企业提供全方位的金融服务。

1. 金融创新政策的制定与实施

为了推动产业园区金融创新的发展，政府部门应制定并实施一系列优惠政策，吸引更多的金融机构入驻产业园区。例如，政府可以施行给予入驻园区的金融机构一定的税收优惠、财政补贴等支持措施，同时简化审批流程，降低金融机构的入驻门槛。此外，政府还应加强对金融机构的监管，确保金融机构合法合规经营，为园区内的企业提供安全、稳定的金融服务。

政府部门制定园区金融创新政策的方法包括以下步骤：

（1）设定政策目标：明确政策想要达到的目的和预期结果，例如，促进园区金融创新，提升园区企业融资效率等。

（2）调研和分析：对园区的金融创新情况进行深入的调研，了解现有的金融服务和产品，分析园区企业的融资需求和挑战。

（3）制定政策措施：根据调研和分析的结果，制定具体的政策措施，例如，引导和鼓励金融机构加大对园区的支持，推动金融科技在园区中的应用，支持园区企业进行直接融资等。

（4）制定实施方案：为每项政策措施制定具体的实施方案，包括具体的步骤、时间表和责任人。

（5）监测和评估：实施政策后，要定期对政策的执行情况进行监测和评估，了解政策的效果和可能存在的问题，根据实际情况对政策进行调整和优化。

（6）促进多方参与：鼓励金融机构、企业、科研机构等多方参与，共同推动园区的金融创新。

（7）持续学习与优化：政府部门应保持对金融创新领域的学习和了解，及时掌握新的政策和措施，以持续优化和更新园区的金融创新政策。

2. 创新金融产品的研发与推广

金融机构应根据园区企业的特点和需求，研发并推广创新性的金融产品，满足不同企业的融资需求。例如，针对科技型企业的特点，推出知识产权质押贷款、科技保险等产品；针对绿色环保企业的特点，推出绿色信贷、绿色债券等产品。此外，金融机构还应加强对创新金融产品的宣传和推广，提高园区企业对金融产品的认知度和使用率。

要推出园区创新金融产品，就需要深入了解园区的企业需求，结合园区的定位和特色，同时要与金融机构合作，以下是具体的步骤：

（1）需求分析：首先了解园区内企业的具体需求，包括融资需求、投资需求、风险管理需求等。通过对企业需求的了解，为金融产品的设计提供依据。

（2）产品设计：根据需求分析的结果，与金融机构合作，设计适合园区企业的创新金融产品。产品类型可以包括贷款、投资、担保、信用增强等。

（3）产品推广：设计好产品后，需要进行宣传和推广，让园区企业了解这个产品。可以通过网站、社交媒体、园区内的宣传活动等方式进行推广。

（4）产品评估：推出产品后，需要定期进行评估和调整。评估的指标包括产品的吸引力、满意度、风险控制等。根据评估结果，对产品进行调整和优化。

（5）持续改进：定期与园区企业沟通，了解他们的需求变化，持续改进金融产品，以满足不断变化的市场需求。

表6-1 近年来产业园区金融创新产品的梳理

产品名称	针对园区	使用效果
科技型小微企业风险补偿资金池	高科技产业园、产业集聚区等	通过政府出资引导、企业自愿认缴，共同发起设立风险补偿资金池，为科技型小微企业提供贷款担保和风险分担，有效降低了企业的融资门槛和成本，提高了企业的融资可得性
科技金融担保风险池	高科技产业园、产业集聚区等	通过政府、银行、担保公司三方合作，为科技型小微企业提供融资担保支持，显著降低了企业的融资门槛和成本，同时有效分散了银行风险，提高了银行的参与积极性
"科技贷"产品	高科技产业园、产业集聚区等	针对科技型企业推出的金融创新产品，通过优惠的贷款政策和专业的金融服务，为科技型企业提供了更加灵活和优惠的贷款支持，帮助企业实现技术创新和业务拓展

续表

产品名称	针对园区	使用效果
"创业贷"产品	各类产业园区、孵化器等	针对初创企业和小微企业推出的金融创新产品,通过无抵押、无担保的贷款方式和优惠的贷款利率,为创业者和小微企业提供了创业启动资金和经营流动资金支持,助力企业成长和发展
"供应链金融"模式	各类产业园区、产业链核心企业等	通过深度融合产业链上下游企业间的交易和物流信息,为核心企业及其上下游企业提供全方位的供应链金融服务,有效降低了企业的融资成本和风险,提高了企业资金运作效率
"互联网+金融"服务平台	各类产业园区、科创中心等	通过搭建基于互联网的金融服务平台,将金融机构、科技企业和中小企业连接在一起,为企业提供更加便捷和高效的金融服务,提高了金融服务的可及性和覆盖面
"投融资对接会"活动	各类产业园区、科创中心等	通过组织园区内外的金融机构、投资机构和企业参加投融资对接会,搭建起了资金供需双方之间的"桥梁",帮助企业和投资者实现了更加精准的对接,有效提高了企业的融资成功率和投资机构的投资效率
"金融科技"企业发展扶持计划	高科技产业园、产业集聚区等	通过政府政策引导和财政支持,鼓励园区内的金融科技企业发展,推动金融科技创新和产业升级,培育了一批具有创新能力和行业影响力的金融科技企业,为园区和企业提供了更加多元化的金融服务
"园区+银行"合作模式	各类产业园区、产业集聚区等	通过园区与银行之间的紧密合作,为园区内企业提供更加全面和专业的金融服务。园区提供政策支持并推荐优质企业给银行,银行则提供优惠的贷款政策和优质的金融服务,有效满足了企业的融资需求和发展需要

3. 金融服务模式的创新与优化

金融机构应改变传统的金融服务模式,根据园区企业的需求,提供更加便捷、高效、个性化的金融服务。例如,金融机构可以采取线上化、移动化的服务方式,提高服务效率;同时,可以采取"一站式""全方位"的服务模式,为园区内的企业提供包括融资、投资、风险管理等多方面的金融服务。

产业园区进行金融服务模式的创新与优化,可以从以下几个方面入手:

(1)加强金融科技创新:引入先进的金融科技,如区块链、大数据、人工智能等,提高金融服务的效率和质量,降低成本。例如,利用区块链技术实现园区企业信用信息的共享,降低金融机构的征信成本。

(2)推动投贷联动:通过投贷联动,实现产业园区内科技创新和金融资本的有效结合。金融机构一方面可以为园区企业提供贷款支持,另一方面,也可以通过股权投资获得企业成长的收益。

（3）深化银企合作：通过定期举办银企对接会、金融论坛等活动，加强金融机构与园区企业的沟通与合作，了解企业的融资需求，提供定制化的金融服务。

（4）加强风险防控：在创新金融服务模式的同时，也要注重风险防控。例如，建立完善的风险评估、预警和应对机制，有效防范和控制金融风险。

表6-2 近年来产业园区金融服务模式创新汇总

服务模式名称	创新机构	使用效果
科技金融服务平台	苏州工业园、中关村科技园等	通过建立科技金融服务平台，为园区内企业提供全方位的金融服务，包括投融资服务、担保服务、财务咨询服务等，有效提高了金融服务的效率和质量
产业金融链合作模式	重庆两江新区、广州开发区等	通过整合园区内的产业链、供应链和金融资源，构建产业金融链合作模式，为园区内企业提供更加精准的金融服务，有效降低企业的融资成本和风险
"投贷联动"金融服务模式	一些商业银行、科技金融公司等	通过将投资和贷款结合，为企业提供更加全面和灵活的金融服务。该模式既可以为园区内企业提供资金支持，也可以通过投资实现利润回报
"园区+平台"金融服务模式	一些产业园区、科技园区等	通过建立园区管理平台和金融服务平台，为园区内企业提供全方位的金融服务。该模式可以有效提高金融服务的覆盖面和可及性
"互联网+金融"服务模式	一些互联网金融机构、科技金融公司等	通过互联网技术，为企业提供更加便捷和高效的金融服务。该模式可以有效提高金融服务的效率和质量，降低企业的融资门槛和成本
"一站式"金融服务模式	一些大型银行、综合性金融机构等	通过整合各类金融产品和服务，为企业提供"一站式"金融服务体验。该模式可以满足企业不同阶段的融资需求和金融需求，提高金融服务的精准度和个性化程度
"产融结合"服务模式	一些大型企业、产业链核心企业等	通过将产业和金融结合，为企业提供更加全面和灵活的金融服务。该模式既可以为产业链上下游企业提供融资支持，也可以通过投资实现产业链的升级和发展
"科技金融租赁"服务模式	一些科技金融租赁公司、科技园区等	通过与金融机构合作，为园区内高科技企业提供融资租赁服务，推动高科技企业的技术创新和业务拓展。该模式可以有效降低企业的融资成本和风险

续表

服务模式名称	创新机构	使用效果
"创投联动"服务模式	一些创业投资机构、科技园区等	通过与创投机构合作，为园区内初创企业和小微企业提供创业投资和孵化支持，助力企业成长和发展。该模式可以为创业者和小微企业提供更加精准的资金支持和资源整合服务

通过以上措施，产业园区可以不断创新和优化金融服务模式，提高金融服务质量，助力园区企业的发展。

总而言之，政府要加大对产业园区金融生态的建设力度，提供政策支持和监管，吸引更多的金融机构和资本进入园区，构建良好的金融生态环境。产业园区内的金融机构可以积极探索产融结合的创新模式，将金融服务与园区企业的生产经营结合，实现产业与金融的深度融合，推动园区企业的创新发展。

案例分析

苏州工业园区作为国家级开发区，致力于打造具有国际竞争力的先进制造业基地和现代服务业集聚区。在金融创新方面，苏州工业园区通过优化政策环境、搭建服务平台、引导社会资本等多种手段积极推动，为园区企业提供全方位的金融服务。

金融创新方法及流程

1. 金融创新方法

苏州工业园区在金融创新方面主要采用了以下几种方法：

（1）政策引导法：通过制定优惠的金融政策，引导金融机构加大对园区企业的支持力度，同时鼓励企业进行金融创新。

（2）平台建设法：搭建金融服务平台，整合园区内外的金融资源，为企业提供多元化的金融服务。

（3）资本引入法：积极引导社会资本进入园区，为园区企业提供更多的融资选择。

（4）科技赋能法：运用现代科技手段，提高金融服务的科技含量，提升金融服务效率。

2. 金融创新流程

苏州工业园区的金融创新流程主要包括以下几个步骤：

（1）需求分析：对园区企业的融资需求进行分析，了解企业的特点和行业发展趋势。

（2）方案设计：根据需求分析结果，制定针对性的金融创新方案，包括政策调整、平台建设、资本引入等。

（3）方案实施：将制定的方案付诸实施，并对实施过程进行监控和调整。

（4）效果评估：对实施后的效果进行评估，根据评估结果进行调整和优化。

创新效果分析

苏州工业园区的金融创新策略取得了显著的效果。通过数据分析和真实例子可以得出以下结论：

（1）融资环境得到优化：政策引导法和资本引入法为企业提供了更加宽松和多样化的融资渠道，降低了企业的融资成本，提高了企业的融资效率。据统计，苏州工业园区企业通过金融机构融资的平均成本下降了10%以上。

（2）金融服务效率提升：科技赋能法提高了金融服务的科技含量，使得金融服务更加便捷、高效。例如，通过运用大数据和人工智能技术，金融机构能够更加精准地评估企业的信用风险和融资需求，从而为企业提供更加个性化的金融服务。

（3）产业升级和转型加速：金融创新策略推动了园区产业结构的优化和转型，鼓励了高新技术产业和服务业的发展。例如，苏州工业园区内的生物医药产业园通过与金融机构合作，推动了生物医药产业的快速发展，成为全国重要的生物医药产业基地之一。

第七章　构建产业园区人才服务体系

产业园区作为特定区域内产业结构调整、优化和升级的重要载体，是国家和地区经济发展的重要引擎。然而，伴随着全球竞争的加剧和科技的高速发展，产业园区在建设与发展过程中逐渐暴露出一些问题。其中，人才短缺、服务滞后已成为制约产业园区进一步发展的主要因素。因此，构建产业园区人才服务体系，优化人才资源配置，对于推动产业园区健康运营和持续发展具有重要意义。

当前，产业园区人才服务市场存在以下问题：一是人才供给与需求不平衡，部分行业和领域存在严重的人才缺口；二是人才服务质量参差不齐，部分服务机构缺乏专业性和规范性；三是政策支持力度不够，导致人才流失和缺乏竞争力。

产业园区人才服务体系面临的挑战主要来自以下几个方面：一是全球经济环境的变化和科技发展的趋势对人才素质提出了更高的要求；二是地区间人才竞争的加剧，导致人才流动频繁，如何留住优秀人才成为产业园区面临的难题；三是如何提高人才服务的水平和质量，满足园区日益增长的多元化、个性化需求。

一般来说，产业园区人才服务的内容体系主要包括以下几个部分：

（一）人才招聘服务：为园区企业提供各类人才的招聘服务，包括网络招聘、招聘会组织、人才推荐等，帮助企业找到合适的人才。

（二）人才培训服务：为园区企业提供各类人才的培训服务，包括职业技能培训、管理能力提升、团队协作等，提升员工的综合素质和专业技能。

（三）人才发展服务：为园区企业提供人才规划、职业发展建议等服务，帮助企业和员工制定个人和职业发展规划，实现个人和企业的共同发展。

（四）人才交流活动：为园区企业和人才提供各类人才交流活动，如人才沙龙、座谈会、经验分享会等，促进园区内人才的互相了解和合作。

（五）人才猎头服务：为园区企业提供高端人才的猎头服务，通过精准的搜寻和推荐，为企业提供急需的高端人才。

（六）人才外包服务：为园区企业提供人才外包服务，如人才派遣、人力资源外包等，帮助企业解决人力资源方面的问题。

（七）人才咨询服务：为园区企业和人才提供人力资源咨询服务，包括劳动法规咨询、人力资源规划、薪酬福利设计等，帮助企业和员工解决实际问题。

（八）人才测评服务：为园区企业和人才提供各类人才测评服务，如性格测试、技能考核、职业倾向测试等，帮助企业和员工更好地了解自己和发展自己。

从以上梳理情况来看，构建产业园区人才服务体系的内容丰富，任务繁重，必须有针对性地确定基本原则和应对措施，才能完成体系构建的任务。

第一节 构建产业园区人才服务体系的基本原则和措施

针对上述问题、任务和挑战，构建产业园区人才服务体系应遵循以人才为核心、以服务为宗旨、以创新为驱动、以政策为支撑的基本原则。

一、以人才为核心

充分了解园区企业和产业发展对人才的需求，为人才提供定制化、个性化的服务，满足人才的多元化需求。

以人才为核心是构建产业园区人才服务体系的关键。那么，产业园区如何做好和做到以人才为核心呢？

（一）了解人才需求：要深入了解园区内各类人才的需求，包括薪资福利、职业发展、培训机会、生活配套等方面的需求。通过与人才进行沟通交流，建立有效的反馈机制，及时掌握人才的动态和需求，为人才提供个性化的服务。

（二）提供多元化服务：针对不同类型的人才需求，提供多元化的服务。例如，为高层次人才提供专门的引进服务，为专业人才提供职业发展服务，为年轻人才提供培养和激励服务等。通过多元化服务，满足不同类型人才的需求，增强人才的归属感，提升满意度。

（三）优化人才环境：产业园区应该积极营造良好的人才环境，包括优化人才政策、提供创新创业支持、推动产学研合作等方面。通过优化人才环境，增强园区对人才的吸引力和凝聚力，从而留住和吸引更多优秀的人才。

（四）建立人才库：通过建立人才库，将园区内各类人才资源进行整合和共享，为园区内的企业和机构提供人才支持和保障。同时，通过对人才库的数据进行分析，可以为园区的管理者提供决策依据，更好地规划和发展园区产业。

（五）推进人才交流合作：产业园区应该积极搭建人才交流平台，促进园区内企业和机构之间的人才流动和合作。通过人才交流合作，可以发掘人才的潜力和创造力，提升园区的整体竞争力。

二、以服务为宗旨

建立完善的服务机制和流程，提高服务质量和效率，为企业和人才提供优质的人才服务。因此，产业园区在构建人才服务体系时，以"服务为宗旨"需要做好以下几个方面：

（一）提供优质招聘服务：产业园区应该积极为人才和企业提供优质的招聘服务。通过线上和线下招聘渠道的整合和优化，实现人才的精准匹配和推荐。同时，可以举办各类招聘活动，如校园招聘、社会招聘、人才交流大会等，为园区内的企业和机构提供人才资源支持。

（二）构建培训服务体系：产业园区应该建立完善的培训服务体系，为人才提供多元化的培训服务。通过与高校、培训机构等合作，提供专业技能培训、管理培训、职业规划培训等多种培训服务，帮助人才提升自身素质和能力。

（三）强化职业发展服务：产业园区应该为人才提供职业发展服务，帮助人才制定职业规划，明确发展路径。通过提供职业指导、晋升机会、岗位轮换等措施，为人才提供更多的职业发展机会和空间，增强人才的归属感，提高忠诚度。

（四）优化生活服务：产业园区应该关注人才的生活需求，提供优质的生活服务。例如，为人才提供便捷的交通、优质的居住条件、丰富的文化娱乐活动等，满足人才的生活需求，提高人才的满意度和幸福感。

（五）建立服务质量评估机制：产业园区应该建立完善的服务质量评估机制，对服务机构和人员进行评估和监督。通过定期的服务质量评估，发现服务中的不足和问题，及时进行改进和优化，提高服务的质量和水平。

三、以创新为驱动

积极推动服务模式创新，运用现代科技手段，提升人才服务的信息化、智能化水平。需要做好以下几个方面：

（一）创新服务模式：产业园区应该积极探索和创新人才服务模式，提高服务的质量和效率。例如，利用互联网、大数据、人工智能等技术手段，构建线上服务平台，实现服务资源的共享和优化配置。同时，可以推行"互联网+人才服务"模式，优化服务流程，提高服务效率，为人才提供更加便捷和高效的服务。

（二）创新人才培养模式：产业园区应该积极创新人才培养模式，培养具有创新意识和创新能力的人才。通过与高校、培训机构等合作，采用项目实战、产学研结合等方式，培养人才的实践能力和创新意识。同时，可以开展创新创业培训、科技竞赛等活动，发掘和培养具有创新精神的人才。

（三）创新人才评价机制：产业园区应该建立创新人才评价机制，客观评价人才的水平和贡献。通过人才评价，可以发现和挖掘人才的潜力和优势，为人才提供更加精准和个性化的服务。同时，可以鼓励企业建立创新激励机制，为创新人才提供更好的发展和成长机会。

（四）推动产学研合作：产业园区应该积极推动产学研合作，加强与高校、科研机构的合作交流。通过产学研合作，可以促进科技成果的转化和应用，推动产业升级和发展。同时，可以鼓励企业与高校联合培养人才，为园区储备后备力量。

（五）营造创新氛围：产业园区应该积极营造创新氛围，鼓励人才和企业敢于尝试、勇于创新。通过建立创新平台、开展创新活动、提供创新支持等方式，激发人才的创新意识和创新精神，为产业园区的发展注入新的动力。

四、以政策为支撑

制定合理的政策措施，加大对人才的吸引和培养力度，为产业园区人才服务体系提供有力保障。可以做好下面几点：

（一）制定优惠政策：产业园区应该制定一系列优惠政策，吸引和留住优秀人才。例如，提供住房补贴、子女教育补贴、创业资金支持、人才引进奖励等优惠政策，为人才提供更好的生活和发展条件，从而吸引更多优秀的人才来到产业园区。

（二）完善法律法规：产业园区应该建立健全法律法规，为人才服务提供保障和支持。通过完善知识产权保护、人才流动等方面的法律法规，保障人才的合法权益，为人才提供更加稳定和可靠的发展环境。

（三）加大对人才的投入：产业园区应该加大对人才的投入，为人才提供更多的资金和资源支持。例如，设立人才发展专项资金、加大对科技创新和人才培养的支持力度，为人才提供更多的机会和平台，促进人才的成长和发展。

（四）加大政策宣传和执行力度：产业园区应该加大政策宣传和执行力度，让更多的人才和企业了解和享受到优惠政策。同时，应该加强对政策执行情况的监督和检查，确保政策的有效执行和落实。

产业园区特色人才创新政策

政策名称	主要内容	实施效果
北京中关村"双百"人才引进计划	该计划针对高新技术产业和现代服务业领域，引进一百名海内外高层次人才和一百名具有国际视野的企业家人才，通过搭建创新创业平台，推动中关村的快速发展	该政策的实施，为中关村吸引了大量高层次人才和优秀的企业家人才，推动了中关村的快速发展，使中关村成为全国高新技术产业和现代服务业的重要基地
上海张江"人才绿卡"制度	该制度为高层次人才提供"一卡通"式的服务，包括工作签证、居留许可、医疗保障、子女教育等全方位服务，打造具有国际竞争力的人才制度	"人才绿卡"制度的实施，为上海张江吸引了大量高层次人才，为园区的高质量发展提供了强有力的人才支撑，提高了园区的国际竞争力
杭州未来科技城"人才银行"计划	该计划通过科技城内的金融机构，为人才创新创业提供全方位的金融服务，包括投融资对接、创业投资、知识产权质押等特色服务，打造具有国际领先水平的科技金融中心	该计划的实施，为杭州未来科技城的人才创新创业提供了全方位的金融支持和服务，推动了科技城的高质量发展，使杭州未来科技城成为全国重要的科技金融中心之一
苏州工业园"人才+项目"引育计划	该计划通过将人才引进与项目引进结合，打造具有国际竞争力的高科技园区。对引进的高层次人才和创新创业团队，根据其创新能力、技术水平、市场前景等因素进行评估，给予不同的扶持政策和优质服务	该政策的实施，将苏州工业园的人才引进与项目引进结合，打造了一个具有国际竞争力的科技创新平台，推动了园区的高质量发展。同时，该政策也促进了人才之间的交流与合作，提高了园区的整体竞争力
天津滨海新区"海河英才"行动计划	该计划针对不同层次、不同领域的人才需求，推出多项具有滨海新区特色的引才措施，包括引进博士后科研工作者、海外留学人才、技能人才等不同类型的人才，为滨海新区的快速发展提供人才保障	"海河英才"行动计划的实施，为天津滨海新区引进了大量不同类型的人才，为园区的快速发展提供了强有力的人才支撑。同时，该政策的实施也提升了园区的知名度和吸引力，成为全国重要的引才品牌之一
重庆两江新区"才聚两江·智汇未来"人才计划	该计划聚焦于引进和培育高层次人才和急需紧缺人才，通过搭建创新创业平台、提供优质服务、加强人才培养等措施，打造具有国际竞争力的人才聚集区，推动两江新区的快速发展	"才聚两江·智汇未来"人才计划的实施，为重庆两江新区引进了大量高层次人才和急需紧缺人才，为园区的科技创新和产业升级提供了强有力的人才支撑，使园区成为西部地区重要的人才高地之一。同时，该政策的实施也提高了园区的知名度和吸引力，推动了园区的快速发展

五、构建产业园区人才服务体系对于促进园区运营的重要意义

第一，完善的人才服务能够提升园区的吸引力，吸引更多的优秀人才和优质企业入驻园区。通过提供多元化、专业化的人才服务，园区可以满足企业对于人才的需求，提高企业的竞争力和创新能力，进而提高园区的整体竞争力。

第二，能增强园区凝聚力。人才服务体系的建设需要考虑多个方面，如人才引进、培养、使用和留住等环节。通过建立完善的人才服务体系，园区可以更好地协调企业之间、企业与政府之间的关系，增强园区的凝聚力和向心力。

第三，能优化园区发展环境。人才服务体系的建设是园区发展的重要组成部分，能够优化园区的软硬件环境，提高园区的宜居性和宜业性。通过提供优质的人才服务，园区可以为企业和人才提供更加舒适、便捷的工作和生活环境，促进园区的可持续发展。

第四，能够拓展园区市场。人才服务体系的建设可以为园区提供更广阔的市场空间和机遇。例如，人力资源服务企业可以借助园区提供的人才服务拓展自身业务范围，同时为园区内的企业提供更加全面的人力资源解决方案，推动园区的整体发展。

第二节 产业园区人才服务创新实践分析

产业园区作为特定区域内的企业集群，具有资源整合、协同创新、集约效应等优势。然而，产业园区的发展并非一帆风顺，往往会面临人才短缺、流失等问题。因此，在实际运营中，制定和实施有效的人才策略至关重要。

人才策略不仅包括吸引和招聘优秀人才，还包括培养、激励和留住人才。只有这样，产业园区才能充分发挥人才的潜力，推动产业升级和创新，实现可持续发展。

下面我们举四个人才创新策略实践案例。

一、苏州工业园区：人才引进与培育并重

苏州工业园区注重人才的引进和培育，通过搭建国际化的人才市场，引进海内外高层次人才。同时，园区加大对人才培养的投入，设立各类人才培训基地和项目，提升人才的技能和素质。此外，园区还推出了一系列激励政策，如奖励计划、住房优惠等，以吸引和

留住优秀人才。我们来看看它的三点具体做法：

（一）构筑海外引才体系：苏州工业园区在日本东京、新加坡等全球重要节点、关键城市实体化布局一批海外商务中心，积极探索海外离岸创新创业孵化体系建设，打造离岸孵化器群，形成规模效应。此外，园区还通过绘制生物医药细分领域人才图谱，形成近3000份海外人才精准画像，找准寻才方向。

（二）做深金鸡湖创新创业大赛品牌：推出"全球城市伙伴计划"，联动全球25个重要城市59位企业家和投资人，2022年共吸引458个海外项目报名。

（三）借力信息化提升引才效率：园区开发建设的"iDream"园梦人才平台，集高层次人才需求发布、技术需求对接、高端猎头服务等功能于一体，统筹重点产业人才、技术需求，通过链接全球猎头机构，协同海外商务中心，实现高层次人才供需高效对接。

二、上海张江高科技园区：创新人才激励机制

上海张江高科技园区采用了多元化的人才激励机制。通过设立科技奖励、专利申请奖励等措施，激发人才的创新积极性。此外，园区还推行员工持股计划、科技人员创业资助等政策，鼓励人才创新创业。这种激励机制不仅吸引了大量优秀人才，还催生了许多高科技企业。下面是它的四点具体做法：

（一）设立特殊人才奖励：园区设立特殊人才奖励，对符合特定条件的人才给予奖励，包括但不限于股权收益、个税减免、住房补贴等。此举旨在吸引更多优秀人才来到张江高科技园区。

（二）创新人才发展环境：园区鼓励企业建立创新人才发展平台，提供良好的工作环境和职业发展机会，以吸引和留住优秀人才。此外，园区还支持企业开展人才培训和技能提升活动，提高人才的职业素养和实践能力。

（三）提供一站式服务：为了方便人才的日常生活和工作，园区提供一站式服务，包括住宿、交通、医疗、教育等方面的支持。此举有助于提高人才的满意度和生活质量。

（四）实施人才优惠政策：园区为企业提供人才优惠政策，如税收减免、贷款优惠等，以降低企业引进和留住人才的成本，从而鼓励企业加大对人才的投入。

三、深圳高新区：打造人才创新生态圈

深圳高新区致力于打造人才创新生态圈，推动产业与人才的协同发展。园区通过与企

业、高校、科研机构等合作，构建多层次的人才培养体系。同时，加强产业与人才的互动，实现产业与人才的深度融合。此外，高新区还创新人才服务模式，提供全方位的人才服务，为人才提供舒适的生活和发展环境。深圳高新区的四点做法也很有特点：

（一）建设人才公寓：高新区建设了一批高品质、配套完善的公寓，为优秀人才提供舒适的居住环境，同时降低人才的生活成本，吸引更多人才来到高新区。

（二）打造创业孵化器：高新区支持建设一批创业孵化器，为企业提供低成本的办公场所和创业支持，鼓励优秀人才来高新区创业。同时，高新区还提供一系列的创业扶持政策，如贷款、融资、税收减免等，帮助创业人才实现创业梦想。

（三）建设公共技术平台：高新区建设了一批公共技术平台，为企业提供共享的技术资源和设备支持，降低企业的研发成本，提高企业的创新能力。此外，高新区还支持企业开展技术合作和交流，促进技术人才的流动和共享。

（四）举办人才活动：高新区定期举办各类人才活动，如创业大赛、人才交流会、技术论坛等，为人才提供交流展示的平台，增强高新区的人才聚集效应。

四、中电光谷青岛园区：盘活"人才一池水"

中电光谷青岛园区聚集了1000余家科技创新类企业、各类青年人才超过1.2万名，是青岛西海岸新区的创新产业高地和高端人才聚集地。那么，中电光谷青岛园区到底是用什么高招，巧妙地将招商引资与招才引智结合，盘活"人才一池水"的呢？

独创及关键的第一招是首创人力资源服务产业园，构筑高质量人才管道。2018年，中电光谷青岛园区在新区人力资源和社会保障局、青岛西海岸新区招才中心的指导下，围绕企业发展实际需求，成立了青岛西海岸新区人力资源服务产业园。该人力资源服务产业园通过多种方式支持中电光谷青岛园区的人才引进。

首先，人力资源服务产业园以新区产业发展需求为出发点，创新特色发展路径，发挥产业聚集优势，整合多方资源，尤其是人力资源服务行业头部企业与中电光谷青岛园区企业深度链接，通过招聘、培训、薪税服务、人才测评等交互业务形成互动，实现人力资源服务业与蓝色涉海、高端数字经济、高端智能制造、生物大健康等新区重点"四新经济"产业融合发展，推进"人才＋产业"经济一体化。这为中电光谷青岛园区的人才创新提供了有力的产业环境和资源支持。

其次，人力资源服务产业园搭建了线上平台（http://www.hrcyy.net），从求职端、服务端、企业端多种用户群体考量，从新区产业实际需求出发，搭建信息系统，提供人力资源服务接发包服务。通过平台，人力资源服务甲乙双方企业可以直接对接业务，这使得中电光谷青岛园区的用人单位和人才可以更加便捷地获取人力资源服务，从而提高人才创新的效率和成功率。

此外，人力资源服务产业园还以中电光谷青岛园区为基地，建立办公集群，聚集了一大批国内优秀的人力资源服务行业企业。这不仅为中电光谷青岛园区的用人单位和人才提供了更多的选择，也有利于人才之间的交流和创新思想的碰撞。

历经4年发展，青岛西海岸新区人力资源服务产业园已经获评国家级人力资源产业园，聚集各类人力资源服务企业76家，总营收近70亿元，利税超7600万元，服务人才超15万人，不仅为园区广泛招聘优秀人才，也成为立足青岛、辐射全国的数字人才生态服务高地。

招才引才的管道网络建立，促进了人才源源不断流入，成为促进园区企业发展的中流砥柱。

第二招是提供高标准支持，多方发力打造产业生态"拴心留人"。

人才招引来后，如何让其有归属感？为了让青年人才安居乐业，中电光谷青岛园区自身不断创新并整合一系列政企优质资源。

安居：中电光谷青岛园区有专为青年人才打造的OVU光谷公寓，精致装修、拎包入住，配有24小时前台和保安，助力青年人才无忧安家。

乐业：光谷天地OVU青年街区，因科技感、现代化的靓丽外形，成为新区新晋网红打卡地。这里聚集商务餐厅、咖啡饮品、健身瑜伽、生活超市等一系列配套，让在园区工作的年轻人在闲暇的时刻能够尽情享受生活。街区内的一些特色店铺成为青年人才日常交流、碰撞思想的聚集地。OVU青年街区也是园区活动的重要举行地，在刚刚过去的"520"告白季，青岛光谷企服公司充分调研园区企业需求，组织了"520告白相亲"活动，为单身男女员工营造了浪漫的相识场景。良好的人才基础，也吸引了外部人才机构入驻，共同为人才赋能。

由青岛西海岸新区工委组织部招才中心与青岛西海岸人才生态产业集团共同打造的新区首个城市青年成长平台——蛤蜊青年磁场（GALA HUB）位于园区，该平台聚焦青年人才在城市认知、圈层融入、成长需要、生活期待、服务支撑等方面的需求，打造以"创新创业+就业成长+生活娱乐"一站式综合服务平台，青年人才工作之余可以在这里参加脱口秀、咖啡课堂、飞盘、瑜伽公开课等趣味课程。

创业：青岛人才创新创业学院的培训载体——赛创未来（青岛）国际人才科创中心落户于青岛光谷软件园。青岛人才创新创业学院由青岛市委组织部指导成立，是一所集创业教育、创业孵化、创业服务为一体的实战型学院，帮助高层次人才"学到手、交到友、融到资、创成业"。学院稳步开展市区两级培训、每月一讲、日常对接、沙龙交流等活动，汇聚了来自全青岛市人才项目、创投机构、金融机构、企业资源等创新创业要素。

2022年，重点瞄准半导体、人工智能及新材料等领域的金融投资企业——中仁汇银（青岛）股权投资管理有限公司入驻青岛海洋科技园。青岛西海岸新区成立首支"人才双创基金"，由青岛西海岸人才生态产业集团有限公司与中仁汇银（青岛）股权投资管理有限公司主导发起成立，是新区首支以支持高层次人才创新创业项目为核心的股权投资基金，将围绕新区新一代半导体、智能制造、高端化工新材料等重点产业布局，重点投向高层次人才创新创业项目及其他硬科技项目，为重点技术型企业发展提供资金支持。

中电光谷积极落实国家战略，让产业招商与招才引智两翼齐飞，继续做好OVU青年活力社区，聚焦青年人才学习、创业、社交、消费等多方位需求，打造年轻人才的创新高地、娱乐中心、社交平台，助推人才发展和产业发展深度融合，为区域发展注入强劲活力，不断提升城市时尚气质、年轻指数、发展动力，助力新区招才引才留才用才。

五、园区人才服务新形态：人力资源服务产业园

从上面的例子中我们可以知道，青岛西海岸新区人力资源服务产业园有力地促进了中电光谷青岛园区的运营管理。人力资源服务产业园是一种服务新形态，它通过集中提供人力资源管理、开发、利用等系列服务，帮助企业实现更高效的人力资源配置，提升产业园区整体人才竞争力和人才发展水平。

自2010年中国上海人力资源服务产业园挂牌运营以来，我国人力资源服务产业园在集聚产业、创新行业发展模式、培育新经济增长点等方面进行了有益探索，迈出了坚实步伐。截至2022年，全国国家级人力资源服务产业园数量已达24家，入园企业超4120家，年营业收入4063亿元，出现了不少"亿元楼""百亿园"，成为人力资源服务业创新发展的新高地。

同时，产业园建设蓬勃发展，产业集聚效应日益增强，不仅推动了人力资源服务业的高质量发展，还促进了就业和优化人力资源配置。例如，2021年新建中国三亚旅游人才市场，打造全球高端旅游人才供应链基地；新建中国重庆数字经济人才市场，致力于为数字经济人才和企业提供"一站式"人力资源服务解决方案。预计到2025年，国家级人力资源服务产业园将达到30家左右。

下面我们以中国重庆人力资源服务产业园为例,再进行详细介绍。

重庆人力资源服务产业园于 2011 年 7 月经人社部批准筹建,是继上海产业园之后,全国第二个国家级人力资源服务产业园。该产业园位于重庆市渝北空港国际新城,占地 158 亩,净用地 120 亩,总建筑规模 32 万平方米,总投资 20 亿元。

重庆产业园在功能设计上最大的特色是将发展人力资源服务产业和推进人力社保公共事业有机结合起来,将产业基地、公共服务中心与行政中心进行一体化设计,实现市场服务、公共事务、行政管理三大职能有机衔接,打造一个产业与事业联动融合、相互促进、特色鲜明的多功能园区。

重庆产业园的一期工程已全面竣工并正式投入运营,包括南北两个区,定位为产业发展区、公益事业区,总建筑面积 20 万平方米,投资约 12 亿元。而二期工程也正在建设中或规划中,拟全部规划为产业发展区,总建筑面积 12 万平方米,概算投资约 8 亿元。

在具体服务方面,重庆产业园为企业提供人才招聘、人才培训、人力资源规划、薪酬福利设计等全方位的人力资源服务,帮助企业解决实际问题,提升企业的人才竞争力。同时,产业园也为人才提供就业创业、职业发展、社会保障等多元化服务,促进人才的合理流动和优化配置。

重庆产业园还致力于打造特殊人才创业就业孵化平台。通过"互联网+共享用工"的全新运营模式,搭建残障人才就业服务总部基地,与企业共建帮扶的方式为残障人士提供一站式深度就业服务。同时,产业园还积极推动中高级人才评鉴工作,吸引一批行业领军人才及学术拔尖人才聚集,推动航空装备制造业工业国产软件的产业链和生态圈建设。

人力资源服务产业园积极推动人力资源服务业的创新发展,例如数字化转型、互联网+人力资源服务等,为产业园区的持续发展注入了新的动力。通过引进人才、搭建服务平台、优化资源配置、提供政策支持和促进产业协同等多种方式,人力资源服务产业园以创新的形态,更好地服务区域产业园区,有力推动区域经济的发展。

第八章　产业园区创新生态建设

作为产业发展的主要载体，产业园区不仅能促进企业集聚，还能推动技术转移和创新活动。然而，面对激烈的市场竞争和日新月异的技术变革，如何构建一个有利于创新的生态系统，成为产业园区发展的关键问题。

本章旨在探讨产业园区创新生态建设的重要性及方法，我们将全面分析产业园区创新生态建设的驱动力和阻碍因素，并提出一系列针对性的策略和建议。我们希望本章的内容不仅有助于读者理解创新生态系统的构建原理，还可为政策制定者和实践者提供实用的操作指南。

第一节　产业园区创新生态概述

一、产业园区创新生态的概念

产业园区创新生态是指在一定区域内，由企业、投资者、创业者、学术机构、政府等多方参与者构成的生态系统。这个系统通过协同创新、资源共享、合作共赢等方式，促进创新和经济发展。创新生态的核心是开放性、互动性和协作性，可以促进技术创新和商业模式创新，提高经济和社会效益，形成可持续的创新发展模式。

创新生态系统的概念最早由美国学者 Kit Chaterjee 在 2004 年提出。他指出，创新生态系统是一种类似自然生态系统的动态结构，具有自我调节和演化的能力。在这个系统中，各种创新主体通过互动和耦合，推动技术、人才、资本等创新要素的流动和转化。

随后，许多学者对产业园区创新生态建设进行了深入研究。他们普遍认为，创新生态建设需要从系统性和动态性两个方面入手，既要考虑各个创新主体的角色和作用，也要关注他们之间的互动关系和协同发展。此外，政策制定者还应关注创新生态的自我调节和演化能力，以适应不断变化的市场需求和技术条件。

二、产业园区创新生态的构成要素

产业园区创新生态的构成要素主要包括：（1）产业体系，这包括了园区的核心产业和相关产业链的上下游企业；（2）硬件条件，这包括园区的建筑物、设施、设备和场地等；（3）软件条件，这包括园区的创新文化、政策支持、服务体系和信息化平台等；（4）人才，这包括园区内企业的员工、创业者、投资人、顾问和专家等；（5）外部环境，这包括园区所处的政策环境、社会环境、市场环境和自然环境等。

产业园区创新生态的构成要素的特征又表现为：

（一）多元化创新主体：包括市场化全球合作的科教机构、专注高科技的耐心资本、初创企业或孵化器、成熟企业、能动型服务型政府等。

（二）开放式创新平台：由政府引导投入，机构商业化运作，各类创新主体分享收益的技术商业化平台。

（三）人性化软件环境：包括公私合作的管理模式，敢于突破的法律政策以及虚实结合的社交网络。

（四）智慧型硬件设施：具体包括智慧城市、交通、园区、水务、燃气、管网 GIS、BIM、IOT 等。

三、产业园区创新生态的特性、特点及影响因素

产业园区是促进区域经济发展和创新的重要手段之一，其内部企业、研究机构、政府组织等多元主体形成了一个特殊的生态系统。在产业园区中，创新是推动经济发展的关键因素，而创新生态则是实现这一目标的重要保障。

（一）产业园区创新生态的特性

1. 多样性

生态系统包含着多样的生物成分和非生物成分，这些成分相互联系、相互作用，形成复杂的网络结构。同样，产业创新生态体系也包含着多种创新要素，如创新主体、创新环境等，这些要素相互作用，形成复杂的网络式联系结构。

2. 开放性

生态系统是一个开放的系统，与外界环境不断进行着物质交换和能量流动。产业创新体系也是如此，它与外部环境保持着密切的联系，不断进行着创新资源的交流和共享。

3. 动态性

生态系统是一个动态的系统，其内部各成分之间的相互作用和环境变化都会引发生态

系统的变化。同样，产业创新体系也是一个动态的系统，其内部各要素之间的相互作用和外部环境的变化也会引发创新体系的变化。

4. 整体性

生态系统是一个整体，各成分之间相互联系、相互作用，形成了一个完整的生态系统。同样，产业创新体系也是一个整体，各要素之间相互联系、相互作用，形成了一个完整的创新体系。

5. 稳定性

生态系统具有自我稳定的能力，在受到外部干扰时，能够自我调整并恢复到稳定状态。产业创新体系也具有一定的稳定性，能够应对外部环境的变化和干扰，保持创新体系的稳定发展。

（二）产业园区创新生态的特点

1. 创新精神

产业园区创新生态的核心是创新精神，即敢于尝试、勇于创新、开放共享、合作共赢的价值观。这种价值观贯穿于整个生态系统，推动着各主体在技术、产品、模式、组织等方面进行创新。

2. 开放式创新

开放式创新是产业园区创新生态的重要特点。在开放式创新中，企业与研究机构、政府组织等主体进行深度合作，共同开展创新活动，实现资源共享、风险共担、利益共享。这种开放式创新的模式有利于提高创新效率，降低创新成本。

3. 知识共享

产业园区创新生态的另一个特点是知识共享。在知识经济时代，知识是推动创新的重要资源。产业园区内的企业、研究机构、政府组织等主体通过知识共享，实现知识资源的最大化利用，提高创新能力。

4. 技术转移

技术转移是产业园区创新生态的关键环节。在产业园区中，企业可以通过技术转移，获取外部先进技术，加速技术升级和产品更新换代。同时，研究机构也可以通过技术转移，将科技成果转化为实际生产力，实现经济价值。

5. 投资融资

投资融资是产业园区创新生态的重要支撑。创新需要资金支持，而产业园区内的企业、投资机构等可以为创新活动提供资金支持，降低创新风险，推动创新发展。

（三）产业园区创新生态的影响因素

1. 政策环境

政策环境是影响产业园区创新生态的重要因素之一。政府可以通过制定税收优惠、财政补贴等政策，鼓励企业进行技术创新。同时，政府还可以通过搭建公共平台、提供公共服务等方式，优化创新环境。

2. 人才资源

人才资源是推动产业园区创新生态的关键因素。高素质的人才队伍可以带来先进的技术和理念，推动创新活动的开展。因此，产业园区需要吸引和培养高素质的人才，为创新生态提供源源不断的动力。

3. 创新文化

创新文化是产业园区创新生态的精神内核。在创新文化的影响下，企业、研究机构等主体将敢于尝试、勇于创新、开放共享等价值观内化于心，外化于行，推动着整个生态系统的发展。

4. 合作机制

合作机制是产业园区创新生态的纽带。良好的合作机制可以促进企业、研究机构、政府组织等主体之间的深度合作，实现资源共享、风险共担、利益共享。这种合作机制有利于提高创新效率，降低创新成本。

四、产业园区创新生态的作用

（一）推动区域经济发展

创新是推动经济发展的重要因素。产业园区创新生态可以促进企业技术创新和技术升级，提高产品质量和市场竞争力，推动区域经济发展。同时，创新生态还可以吸引更多的投资和技术流入，加速区域经济发展。

（二）促进产学研合作

产业园区创新生态可以促进企业、高校、研究机构之间的产学研合作。在合作中，各方可以实现优势互补，提高研发效率和创新能力，加速科技成果的转化和应用。这种合作模式有利于提高人才培养质量，推动产业发展。

（三）优化资源配置，提高资源利用效率

在创新生态中，企业可以通过技术转移获取外部先进技术，加速技术升级和产品更新换代。同时，研究机构也可以通过技术转移，将科技成果转化为实际生产力，实现经济价值。这种资源优化配置的模式有利于提高整个产业的竞争力。

（四）降低创新风险

产业园区创新生态可以降低创新风险。在开放式创新的模式下，企业可以与其他主体进行合作，实现资源共享、风险共担、利益共享，降低创新风险。同时，政府可以通过制定税收优惠、财政补贴等政策，降低企业的创新成本，降低创新风险。

第二节　产业园区创新生态建设现状分析

"创新生态"这一概念，是在传统产业园区的基础上，强调了创新与生态环境对于园区发展的重要性。它包括了企业、政府、研究机构、中介服务机构等多元化的主体，涉及技术创新、商业模式创新、管理创新等多个方面。创新生态的建设，旨在推动园区内部的企业之间、企业与政府之间、企业与中介服务机构之间的深度互动，以实现园区的可持续发展。

下面我们梳理一下我国产业园区创新生态建设现状。

一、取得的成果

（一）创新企业的涌现

根据公开信息，我国产业园区创新企业数量正在不断增长，涉及的领域包括生物医药、纳米技术应用、人工智能等，这些企业在技术创新、商业模式创新等方面都取得了显著的成果。

截至 2022 年，我国已有 191 家入选专精特新企业，这些企业涉及的领域包括网络与通信产业、半导体与集成电路产业、智能终端产业、智能传感器产业、软件与信息服务产业等 10 个重点领域。

仅在深圳市，已有 633 家鲲鹏生态企业伙伴与华为公司共同发展，形成了 1 030 个鲲鹏解决方案，为社会培养了 6 394 名鲲鹏产业人才。

在苏州工业园区，聚焦大院大所、科技金融、科创载体等重点领域，已累计引进和培育国家及省级人才 427 人，海外高层次人才 4 688 人，国家级各类创新平台 9 家，省级各类创新平台 40 家。纳米真空互联实验装置、核酸药物技术创新平台、MEMS 中试平台、苏州超算中心等公共技术平台已在该园区建成并投入使用。

我国产业园区创新企业数量正在不断增长，涉及的领域越来越广，并且一些重点领域的创新企业已经形成了较大的规模和影响力。同时，各地的产业园区也在不断加强配套设施建设和政策支持，为创新企业的发展提供了更好的环境和条件。

（二）技术创新的进步

通过引进高技术人才，加强产学研合作，园区在技术创新方面取得了显著的进步。主要表现在：

1. 创新团队多样化。产业园区通过招引创新型人才，孵化创新型企业，引进高校、科研院所、大型企业研发中心，组建产学研相结合的研发机构等方式，形成了主体多样化的创新团队。

2. 技术创新平台多样化。产业园区构建了功能多样化的技术创新平台，围绕研发产业链，从研发、小试、中试等环节构建技术创新平台，如数据共享中心、技术促进中心、中试基地等。

（三）创新政策的支持

产业园区出台了支撑多样化的创新政策，从人才招引、项目审批、创新补贴等方面出台创新鼓励政策，为园区内的技术创新提供支持和保障。这些进步有助于推动产业园区的技术创新和发展，提高园区的竞争力和可持续发展能力。

（四）服务体系的完善

园区的中介服务机构逐渐完善，包括法律、会计、金融、咨询等服务，为园区企业提供了全方位的服务支持。

（五）创新文化的形成

通过举办各类创新活动，如创业大赛、创新论坛、技术交流会等，园区已经形成了浓厚的创新文化氛围。

二、存在的问题

（一）创新链条的不完善

园区的创新链条还比较薄弱，尤其是在基础研究、应用研究、产业化等环节的衔接上还存在一些问题。我国产业园区创新链条的不完善的原因主要有以下两个：

1. 科技体制机制不完善，成果转化链条不畅通。

2. 科技成果转化本身具有投入大、周期长、风险高的性质。为了解决这个问题，需要推进科技体制改革，并进一步发展科技孵化，加强市场激励，降低科技成果转化的门槛和风险。只有这样，才能促进园区创新链条的形成和完善。

（二）创新资源的不足

尽管园区在技术创新方面取得了一定的进步，但是在人才、资金、技术等创新资源的配置上还存在一定的不足。主要表现在：

1. 科技人才队伍不健全。虽然我国人口基数大，但创新人才尤其是领军人才、高水平的创新团队和技能人才较为缺乏。同时，我国的人才培养机制和环境还需要进一步改善，以吸引和培养更多的创新人才。

2. 科技创新投入不足。我国在研发领域的投入仍不足，尤其是在基础研究和应用基础研究方面的投入更是不足。这导致科技创新的成果转化能力较低，无法满足产业发展的需求。

3. 科技创新平台缺乏。我国科技创新的平台数量和质量还有待提高，尤其是缺乏具有国际一流水平的科技创新平台。这使得我国的科技创新成果难以在国际上获得更高的认可，产生影响力。

4. 科技创新服务体系不完善。我国科技创新的服务体系还不够完善，包括技术转移、科技金融、创新政策等方面的服务。这使得科技创新的效率和质量受到了影响。

（三）中介服务的有效性问题

虽然园区的中介服务机构逐渐完善，但是服务的有效性和针对性还需要进一步提高。主要有以下几个方面的表现：

1. 中介服务行业规范化程度低。一些中介服务机构缺乏诚信，服务质量低下，收费不透明，存在恶意竞争等问题。这不仅影响了中介服务的公信力，也阻碍了产业园区的发展。

2. 中介服务专业化程度不足。一些中介服务机构缺乏专业化的人才和技能，无法提供高质量的服务。例如，在技术转移、法律咨询、财务顾问等领域，缺乏专业化的服务机构，难以满足产业园区企业的需求。

3. 中介服务与产业衔接不够紧密。一些中介服务机构与产业发展的实际需求脱节，提供的服务缺乏针对性和实效性。例如，一些科技中介服务机构对科技创新的理解和把握不足，无法为产业园区企业提供真正有价值的服务。

4. 中介服务市场缺乏公平竞争环境。一些中介服务机构依靠行政垄断，占据市场优势地位，阻碍了市场公平竞争。同时，政府对中介服务市场的监管不足，中介服务市场存在一些违法违规行为。

（四）创新文化的影响力问题

1. 缺乏创新文化的培育。很多产业园区在发展过程中，缺乏对创新文化的重视和培育，没有形成独特的创新文化氛围，导致园区内的企业和人才缺乏创新意识和创新精神，影响了园区的创新能力和竞争力。

2. 缺乏多元化的创新环境。产业园区内的企业和人才往往具有不同的背景和经验，需要多样化的创新环境来激发他们的创新潜力。但是，很多产业园区在创新环境的建设上缺乏多元化的支持，比如缺乏多元化的融资渠道、缺乏多元化的创新平台等，限制了企业和人才的创新空间。

3. 缺乏创新服务体系。产业园区内的企业和人才需要一系列的创新服务来支持他们的创新活动，比如技术转移、知识产权保护、创业孵化等。但是，很多产业园区在创新服务体系的建设上存在不足，比如缺乏专业的服务机构、缺乏完善的服务流程等，导致企业和人才难以获得有效的创新支持。

4. 缺乏开放的创新氛围。产业园区内的企业和人才需要一个开放的创新氛围来促进创新思想的交流和碰撞。但是，很多产业园区在创新氛围的营造上存在不足，比如缺乏开放的交流平台、缺乏跨企业的合作机制等，限制了企业和人才的创新交流和合作。

三、国内外产业园区创新生态建设的经验借鉴

（一）国内产业园区创新生态建设的经验

上海张江：张江高科技园区是上海的科技创新中心，其成功的经验在于强化科技创新驱动、优化创新服务体系、打造创新创业平台等方面。

北京中关村：中关村科技园区是北京的科技创新中心，其成功的经验在于优化政策环境、加强科技创新、打造创业孵化链条等方面。

（二）国外产业园区创新生态建设的经验

硅谷：硅谷是全球著名的科技创新中心，其成功的经验包括良好的创新环境、丰富的创新资源、活跃的创业文化、高效的中介服务等方面。

斯图加特：斯图加特是德国重要的产业园区之一，其成功的经验在于注重技术创新、强化企业与高校的合作、支持创新风险的分担等方面。

第三节　产业园区创新生态建设的策略建议

面对激烈的市场竞争和日新月异的技术变革，产业园区必须构建一个充满创新活力的生态环境，以吸引和培育优秀人才，推动技术研发和产业升级。

一、制定创新驱动发展战略

产业园区应制定创新驱动发展战略，明确创新在园区发展中的核心地位，围绕创新活动构建完整产业链。战略应包括创新激励、创新资源整合、创新主体合作、创新文化建设

等方面，以推动园区整体创新能力的提升。产业园区制定创新驱动发展战略的步骤如下：

（一）明确创新驱动发展的目标：首先要明确产业园区创新驱动发展的目标，包括提高产业园区整体创新能力、推动产业升级和转型、增强产业园区竞争力等。

（二）分析创新驱动发展的内外部环境：对产业园区内外部环境进行深入分析，了解产业园区发展的优势和劣势，明确创新驱动发展的方向和重点。

（三）确定创新驱动发展的战略方向：根据内外部环境分析结果，确定产业园区创新驱动发展的战略方向，包括科技创新、人才创新、产业创新等多个方面。

（四）制定创新驱动发展的具体措施：根据战略方向，制定具体的创新驱动发展措施，包括政策支持、资金投入、人才引进、技术研发、产业孵化等方面。

（五）建立创新驱动发展的保障机制：为了确保创新驱动发展战略的有效实施，需要建立相应的保障机制，包括组织保障、制度保障、人才保障、资金保障等多个方面。

二、优化创新政策环境

政府应制定和优化创新政策，包括科技创新政策、人才政策、融资政策等，为创新主体提供全方位的政策支持。政策应具有前瞻性、灵活性和实践性，以适应不断变化的市场需求和技术趋势。产业园区可以从以下方面优化创新政策环境：

（一）税收优惠政策：通过减少企业所得税、增值税、个人所得税等方式，降低企业运营成本，鼓励企业进行技术创新和研发。

（二）土地优惠政策：提供低成本的土地供应或者租赁价格，降低企业初始投资成本，促进企业进驻产业园区。

（三）融资支持政策：提供政府贷款、担保、风险投资等融资支持，帮助企业解决融资难题，鼓励企业进行扩张和技术升级。

（四）人才政策：提供人才引进、培养和激励政策，例如提供住房、子女教育、医疗保险等优惠待遇，吸引高端人才和团队来产业园区发展。

（五）技术创新政策：支持企业进行技术创新，提供技术研发资金、设备、人才等资源，推动科技成果转化和产业化。

（六）营商环境政策：优化营商环境，简化企业开办程序，降低企业运营成本，提高企业生产效率和竞争力。

（七）知识产权保护政策：加强知识产权保护，打击侵权行为，保障企业的合法权益。

三、加强产学研合作

产业园区应加强企业、高校、研究机构之间的合作,形成产学研一体化创新模式。通过共同研发、人才交流、技术转让等方式,促进科技创新和产业升级。可以建立一批产学研合作平台,如联合实验室、技术转移中心等,为产学研合作提供实体支撑。

产业园区加强产学研合作的方式如下:

(一)建立产学研合作平台:产业园区可以联合高校和研究机构,共同建立产学研合作平台,促进企业、高校和研究机构之间的深度合作。合作平台可以提供研发设备、技术咨询、人才培训等服务,促进科技成果转化和产业化。

(二)开展联合研发:产业园区可以引导企业、高校和研究机构共同开展研发项目,发挥各自的优势,提高研发效率和成果质量。联合研发可以围绕产业发展的关键技术、核心问题进行,推动产业升级和转型。

(三)建设孵化器:产业园区可以建设孵化器,为企业提供孵化场地、资金、技术、市场等全方位的支持。孵化器可以与高校和研究机构合作,共同提供孵化服务,帮助初创企业快速成长。

(四)举办产学研合作会议:产业园区可以定期举办产学研合作会议,邀请企业、高校和研究机构的专家学者参加,共同探讨产业发展的趋势和问题,促进产学研合作和创新。

(五)加强人才交流:产业园区可以与高校和研究机构加强人才交流,推动人才双向流动。企业可以派遣技术人员到高校和研究机构学习交流,高校和研究机构也可以派遣学生和专家到企业实习,开展研究工作。

四、强化技术创新

产业园区可以采取以下措施强化技术创新:

(一)建设技术研发平台:产业园区可以联合企业、高校、研究机构等,建设技术研发平台,提供研发设备、技术咨询、人才培训等服务,促进科技成果转化和产业化。

(二)加强知识产权保护:产业园区应加强知识产权保护,为企业技术创新提供保障。建立健全知识产权保护制度,加强知识产权宣传和教育,打击侵权行为,保障企业的合法权益。

(三)支持企业技术创新:产业园区应鼓励和支持企业进行技术创新,提供技术创新资金、技术咨询、市场开拓等方面的支持。同时，鼓励企业与高校、研究机构开展联合研发，提高研发效率和成果质量。

（四）培养创新人才：产业园区应培养和吸引创新人才，为企业技术创新提供人才支持。建立健全人才引进、培养和激励政策，吸引高端人才和团队来产业园区发展。

（五）优化创新环境：产业园区应优化创新环境，营造良好的创新创业氛围。提供优质的创新政策、融资支持、技术转移等服务，降低企业创新成本，激发全社会的创新活力。

（六）加强国际技术合作：产业园区应加强与国际先进技术合作，引进国际先进技术、人才和资源，推动产业升级和转型。

五、培育创新文化

产业园区培育创新文化的方法如下：

（一）营造开放包容的创新氛围：产业园区应营造开放、包容、多元的创新氛围，鼓励园区内的企业和个人敢于尝试、勇于创新。鼓励企业之间，企业与高校、研究机构之间的交流与合作，促进创新思想的碰撞和交流。

（二）强化创新创业精神：产业园区应强化创新创业精神，鼓励园区内的企业和个人积极开展创新创业活动。可以通过举办创新创业大赛、创业沙龙、创业培训等活动，激发创新创业热情，培养创新创业意识。

（三）建立鼓励创新的评估机制：产业园区应建立鼓励创新的评估机制，对园区内的企业和个人进行创新评估。可以对创新成果、创新项目、创新企业等进行评选和奖励，鼓励企业和个人持续开展创新活动。

（四）提供创新交流平台：产业园区可以提供创新交流平台，鼓励园区内的企业和个人分享创新经验和思想。可以举办各种创新论坛、研讨会、讲座等活动，推动创新思想的交流和传播。

（五）加强创新宣传和教育：产业园区应加强创新宣传和教育，提高园区内的企业和个人的创新意识和能力。可以通过各种渠道，如媒体、宣传栏、园区网站等，宣传创新理念，推广创新经验，营造良好的创新文化氛围。

产业园区创新生态建设是一项系统性工程，需要政府、企业、研究机构、高校等多方共同参与。在建设过程中，应围绕创新主体，优化创新资源，加强创新活动，培育创新文化，打造良好的创新环境。只有这样，才能构建一个充满活力、富有创新精神的产业园区，为国家和地区的经济发展注入强大动力。

第九章 打造园区发展的 DNA

作为产业发展的载体和实践区域经济的主体，产业园区在推动国家和地区经济增长中扮演着重要角色。然而，随着市场竞争的加剧和全球化进程的加快，园区发展面临着许多挑战，如许多园区的规划、建设和运营存在一定的问题，如缺乏整体性和系统性、产业同质化、资源约束、环境污染等，这些问题的存在导致了园区的发展缺乏持续性和稳定性，难以实现可持续发展。为了应对这些挑战，打造园区发展的 DNA 成为一项迫切的任务。

第一节 园区发展的 DNA 理论基础

DNA 理论起源于生物学领域，是指生物体内具有遗传功能的分子。在园区发展领域，DNA 理论指的是影响园区发展的核心要素和基因，如管理体制、资源配置、人才引育等。这些要素和基因决定了园区发展的方向、速度和质量。因此，我们需要深入研究和探讨 DNA 理论在园区发展中的应用。

首先，DNA 理论强调园区的整体性和系统性。园区的规划、建设和管理应该从整体出发，考虑各个方面的因素，如产业定位、资源配置、环境保护等。其次，DNA 理论强调园区的差异化和特色化。园区的建设应该结合当地的资源禀赋和产业优势，打造具有特色的产业体系和品牌形象。再次，DNA 理论还强调园区的创新和开放。园区应该注重创新人才和资源的引进，建立开放式的创新平台和合作机制。

一、科学的管理模式是打造园区发展的 DNA 的关键

科学的管理模式是打造园区发展的 DNA 的关键，这句话可以理解为：科学的管理模式对于园区的可持续发展和成功起着至关重要的作用。

首先，需要理解的是"科学的管理模式"和"园区的 DNA"两个概念。科学的管理模式通常指的是基于科学方法和系统分析的一种管理方式，其目的是提高生产效率和工作效率，降低生产成本，提高产品质量。这种管理模式注重数据和事实，通过系统化的研究和分析，

找到最佳的工作流程、工具和设备以及员工工作方式。而园区的 DNA，可以理解为园区的核心特点和价值，是园区的特色和竞争优势，是园区发展的内在基因。

理解了这两个概念，我们再来进一步讨论为什么科学的管理模式是打造园区发展的 DNA 的关键。

（一）科学的管理模式有助于形成园区特色和竞争优势。科学的管理模式强调数据和事实，这使得园区可以根据实际情况制定出更具有针对性和独特性的策略，形成自己的特色和竞争优势。

（二）科学的管理模式可以提高园区的效率和生产力。通过研究和试验找出最佳的工作流程和方式，可以减少浪费，提高生产效率和工作效率，这对于园区的整体运营至关重要。

（三）科学的管理模式可以帮助园区降低成本并提高产品质量。通过优化工作流程和选择合适的工具设备，可以有效降低生产成本，同时提高产品质量，这对于提高园区的市场竞争力非常有利。

所以，园区首先应该建立统一的管理机构和协调机制，确保园区的规划、建设和管理能够协调一致。其次，应该制定科学的管理制度和规范，确保园区的运营和管理能够有序进行。再次，应该建立高效的信息反馈机制和决策机制，确保园区的发展能够及时响应市场需求和变化。

二、合理配置资源是打造园区发展的 DNA 的重要手段

合理配置资源指的是根据既定的目标和现有的资源状况，对资源进行有效的分配和利用，以实现最佳的效益。而园区的 DNA，就是指园区的核心特点和价值，是园区的特色和竞争优势，是园区发展的内在基因。

那么，如何理解合理配置资源是打造园区发展的 DNA 的重要手段呢？

（一）合理配置资源可以提高资源利用效率。通过合理的资源配置，可以使得园区的各项资源得到最大化的利用，提高资源的利用效率和产出效果，从而提升园区的整体运营效率。

（二）合理配置资源可以促进创新和发展。通过资源配置，可以鼓励园区内的企业和机构不断进行创新和尝试，探索新的技术和商业模式，从而推动园区整体的创新和发展。

（三）合理配置资源有助于形成园区特色和竞争优势。通过对资源的合理配置，园区可以形成自身独特的产业生态和运营模式，形成具有竞争力的特色产业和优势领域，进一

步强化园区的 DNA。

所以,园区应该结合当地的资源禀赋和产业优势,制定合理的产业政策和资源配置方案。其次,应该建立资源共享平台和循环经济体系,提高资源的利用效率和减少环境污染。此外,应该加强与外界的合作和交流,引进外部资源,拓展园区的市场和资源渠道。

三、人才是打造园区发展的 DNA 的根本

人才是推动园区发展的根本。我们都知道,人才是园区创新和发展的重要支撑。园区的发展需要有一批具备高素质、专业能力强的优秀人才提供智力和技术支持,只有这样,才能在激烈的市场竞争中保持优势,实现持续稳定的发展。

首先,人才是推动园区科技创新的核心力量。在现代经济中,科技创新是园区发展的关键因素。只有拥有大量的高素质人才,才能不断开展技术研发和创新,推动园区的产业升级和转型发展。

其次,人才是提高园区管理和运营水平的重要支撑。园区的运营和管理需要有一批高素质、有经验的人才来支撑。他们能够提供高效的管理和服务,帮助园区内的企业和机构更好地运营和发展。

再次,人才也是推动园区产业发展和市场开拓的重要力量。园区的产业发展和市场开拓需要有一批具备专业能力和实践经验的人才来支撑。他们能够根据市场需求和产业发展趋势,提供专业的服务和支持,推动园区的产业升级和市场拓展。

为了打造园区发展的 DNA,我们需要建立完善的人才引育机制。首先,应该加强与高校、科研机构等的合作,引进高素质的人才。其次,应该建立完善的培训机制和晋升渠道,提高人才的专业技能和管理能力。此外,应该制定优惠的人才政策,吸引和留住优秀的人才。

第二节 打造产业园区发展独特基因的核心手段

要打造产业园区发展的独特基因,就要在独有、独特以及运营创新上做文章。

一、挖掘地方独有资源优势

每个地区都有其独特的资源优势,如自然资源、历史文化、人才储备等。产业园区的

发展应该充分挖掘这些资源优势，形成与其他地区或园区不同的特色。

（一）自然资源：一些地区可能拥有独特的自然资源，如矿产、森林、草原等。这些资源可以为产业园区提供基本的生产资料，同时也可以吸引相关企业入驻。比如，拥有丰富矿产资源的地区可以吸引采矿、冶炼等企业入驻；拥有森林资源的地区可以吸引木材加工、造纸等企业入驻。

（二）社会资源：社会资源包括人力、信息、资金等，这些资源对于产业园区的发展也至关重要。拥有丰富的人力资源可以吸引更多的企业和投资者，拥有大量的信息和资金资源可以为企业提供更好的发展环境。比如，北京、上海等大城市拥有丰富的人力资源、海量的信息资源、雄厚的资金基础，适合发展第三产业、创意产业、高新技术产业等都市经济和楼宇经济。

（三）历史文化资源：一些地区可能拥有悠久的历史和独特的文化资源，这些资源可以成为产业园区的一大特色。比如，一些历史悠久的城市可以发展文化旅游产业，一些具有独特文化的地区可以发展文化产业。

（四）区位优势：一些地区可能具有独特的地理位置和交通条件，可以成为产业园区的发展优势。比如，一些沿海城市可以发展港口经济，一些位于交通要道的城市可以发展物流业。

在挖掘地方独有资源优势的过程中，还需要注意以下几点原则：

1. 独特的资源优势并不一定适用于所有产业，需要有针对性地制定发展策略。
2. 资源优势需要转化为经济优势，才能真正发挥其价值。
3. 资源优势需要与市场需求相结合，才能实现可持续发展。
4. 资源优势需要与生态环境相协调，不能以牺牲环境为代价。

所以说，产业园区要挖掘地方独有资源优势，需要在自然、社会、历史、文化、区位等方面进行全面分析，结合市场需求和生态环境，制定出可持续的发展策略。

二、打造产业特色

产业园区要打造特色产业，需要从以下几个方面入手：

（一）确定产业定位和主题：产业园区在建设前应该明确自身的产业定位和主题，围绕特定的产业领域或产业特色，打造具有差异化和独特性的产业集群。例如，可以选择以新材料、新能源、高端装备制造等领域为重点，或者以文化创意、科技服务等特色产业为主题,打造具有特色的产业园区。

(二)引进关键企业和项目:引进关键企业和项目是打造特色产业的关键步骤。园区应该积极引进具有核心技术和市场优势的企业,通过这些企业的入驻,带动产业链的发展,形成产业集聚效应。同时,还应该通过策划和举办相关产业活动,吸引更多的投资者和人才进入园区。

(三)优化产业环境和政策:优化产业环境和政策是打造特色产业的重要保障。园区应该加强基础设施建设,提高服务水平,营造良好的投资环境。同时,还应该制定符合产业特色的政策,如财政补贴、税收优惠、人才引进等,通过政策的引导和激励,促进特色产业的快速发展。

(四)加强技术创新和人才引进:技术创新和人才引进是打造特色产业的重要支撑。园区应该建立技术创新平台,推动科技成果转化和产业化,提高产业的技术含量和竞争力。同时,还应该加强人才引进和培养,吸引高层次人才和专业技能人才,为特色产业的发展提供强大的人才保障。

(五)加强产业营销和品牌推广:加强产业营销和品牌推广是打造特色产业的重要手段。园区应该通过策划和举办相关产业活动,如展览、论坛、峰会等,扩大园区的知名度和影响力,吸引更多的投资者和人才进入园区。同时,还应该加强品牌推广,打造特色产业的品牌形象,提高园区的核心竞争力和品牌影响力。

三、创新产业政策

产业政策是引导和促进产业发展的重要手段。通过创新产业政策,如制定独特的税收优惠政策和产业扶持政策,可以吸引更多的企业入驻,并形成独特的产业基因。

产业园区创新产业政策可以从以下几个方面入手:

(一)产业政策顶层设计:产业园区应制定全面的产业政策体系,包括主导产业定位、产业布局、产业支持政策等。这个体系应该注重顶层设计,明确园区的产业发展方向和目标,为园区的产业发展提供全面的指导。

(二)创新驱动发展:产业园区应注重创新驱动发展,通过科技创新、模式创新、制度创新等方式,推动产业升级和转型发展。例如,可以设立科技创新基金,鼓励企业进行科技创新;引入创新服务机构,提供科技咨询、技术转移等服务;建设创新孵化器,培育科技型小微企业等。

（三）产业政策与市场需求对接：产业政策应与市场需求对接，根据市场需求制定相应的政策措施。例如，可以通过市场调研，了解企业的需求和问题，制定相应的政策措施；建立产业信息平台，及时发布产业动态和市场需求信息等。

（四）产业政策与产业集群发展相结合：产业园区应结合产业集群发展制定产业政策，促进产业集聚和协同发展。例如，可以制定专项政策，支持主导产业集群的发展；建设公共服务平台，为集群内的企业提供共享设施和服务等。

（五）产业政策与区域经济发展相结合：产业园区应结合区域经济发展制定产业政策，推动区域经济的协调发展。例如，可以制定区域发展战略，明确园区的定位和发展方向；与周边区域合作，推动产业转移和协同发展等。

四、塑造园区独有形象

塑造园区独有形象需要从确定园区主题和定位、设计统一的视觉形象、打造特色景观和建筑、举办特色活动和展览、加强品牌营销和推广等方面入手。只有这样，才能营造出独特的园区形象和品牌形象，提高园区的知名度和美誉度，让园区的基因更独特。塑造园区独有形象可以采用多种手法：

（一）确定鲜明的主题和定位：园区可以根据自身的特点和发展方向，确定一个独特的主题和定位，如文化、科技、生态等，从而树立园区的独特形象。

（二）引入独特的企业和项目：如引入科技创新型企业，其具有领先的技术创新和研发能力，能够带动园区产业向高端领域发展，提高园区科技含量和竞争力；或者引入文化创意型企业，其具有独特的文化创意和设计能力，能够推动园区文化创意产业的发展，提高园区的文化软实力；也可以引入新型能源环保型企业，其具有先进的能源环保技术和产品，能够推动园区能源环保产业的发展，提高园区的可持续发展能力。

（三）设计统一的视觉形象：园区可以设计统一的视觉形象，包括标志、字体、颜色等，使园区的形象更加鲜明、具有记忆性。

（四）打造特色景观和建筑：园区可以打造特色景观和建筑，如标志性建筑、特色植物、特色街道等，营造独特的空间感和视觉效果。

（五）举办特色活动和展览：园区可以定期举办特色活动和展览，如文化节、科技论坛、艺术展览等，吸引更多的游客和投资者前来参观和投资。

六个国内外特色生态建设产业园区

序号	园区名称	生态特色	效果展示
1	上海崇明工业园区	绿色生态示范：注重生态环保，推行绿色产业政策，优化能源结构，实现碳排放减少和自然生态恢复的双赢局面	园区内的绿色建筑、自行车道、生态湿地等设施为工作人员提供了舒适健康的工作环境。同时，绿色产业的蓬勃发展也吸引了更多的人才和企业入驻
2	苏州工业园区	发展绿色制造：推动制造业向绿色制造转型，优化能源消费结构，倡导低碳生活和循环经济	该园区成为全国首个"国家绿色制造示范区"，其绿色发展理念不仅带来了经济效益的提升，还推动了环保技术和循环经济的发展
3	新加坡纬壹科技城	一体化生态网络：构建绿色基础设施，将自然融入城市生活，注重绿化覆盖和环保节能	该园区的绿色建筑、花园、公共空间形成了有机生态网络，为人们提供了舒适的生活和工作环境。同时，科技城内的创新企业也积极应用绿色技术，实现可持续发展
4	美国波特兰工业园区	零碳排放目标：致力于实现园区内所有活动达到零碳排放，利用可再生能源，推广低碳技术和循环经济	该园区已经成为全球可持续发展的典范之一，其碳排放的大幅减少和可再生能源的广泛应用也为其赢得了国际声誉
5	日本千叶经济园区	与自然和谐共生：注重土地资源的合理利用，保护自然生态环境，倡导低碳生活和循环经济理念	通过绿色产业政策和技术创新，该园区实现了经济增长与环境保护的双赢。同时，园区还通过开展环保教育和培训，增强企业和员工的环保意识和责任感
6	德国奥伯利园区	高科技与生态环保相融合：注重高科技研发和生态环保的结合，推广绿色建筑和可再生能源的利用	该园区已成为欧洲领先的绿色技术研发和产业基地之一。绿色技术的广泛应用和高科技产业的蓬勃发展为该地区带来了经济增长和就业机会

第三节 用产业链锻造园区基因链

用特色产业链打造构筑园区发展的 DNA，对于实现产业园区持续发展和提升核心竞争力具有重要意义。在实践中，产业园区要明确主导产业和定位、加强产业协同和集聚、优化产业结构和发展层次、建立完善的公共服务体系等，打造具有特色和优势的产业链，推动园区经济的持续发展和提升。

产业园区打造有特色的产业链是实现园区发展的关键。在竞争日益激烈的全球市场中，产业园区需要更加注重产业链的打造和提升，以吸引更多优质企业和资源，推动产业升级和转型。

一、产业链的定义和类型

产业链是指在一个特定区域内，不同产业、企业之间通过产品、技术、资本等要素的流动而形成的价值链。根据产业链的特点和性质，可以将其分为以下几种类型：

（一）垂直型产业链：指同一产业内的企业之间通过生产、加工、销售等环节形成的链条。

（二）水平型产业链：指不同产业之间的企业通过产品、技术、资本等要素的流动形成的链条。

（三）复合型产业链：指多个产业之间的企业通过产品、技术、资本等要素的流动形成的链条，包括跨国产业链和跨区域产业链。

二、打造有特色产业链的重要性和必要性

（一）提高产业竞争力：通过打造有特色的产业链，可以提高园区的产业竞争力和影响力，吸引更多优质企业和资源进入，促进产业升级和转型。

（二）促进创新和发展：有特色的产业链可以促进企业之间的合作和交流，推动技术创新和产业升级，提高产业的发展水平和质量。

（三）优化资源配置：通过打造有特色的产业链，可以实现资源的优化配置，提高资源的利用效率，推动产业的高效发展和可持续发展。

（四）增强抵御风险能力：通过打造有特色的产业链，可以使园区内的企业形成互补关系，增强抵御风险的能力，保证产业的稳定和健康发展。

三、如何打造有特色的产业链

（一）确定主导产业和定位。产业园区在发展过程中，要根据自身的资源优势、区位条件、市场需求等因素，明确主导产业和定位，打造具有特色和优势的产业链。例如，以高新技术产业为主的园区，可以重点发展电子信息、生物医药、新材料等产业；以传统产业为主的园区，可以重点发展纺织、服装、食品等产业。同时，要关注产业链的上下游环节，加强与供应商、销售商之间的合作，形成稳定、可靠的供应链体系。

（二）加强产业协同和集聚。产业园区在打造产业链的过程中，要加强产业协同和集聚，促进企业之间的合作和交流。通过建立产业联盟、共享资源、共同研发等方式，实现产业

链上不同企业之间的协同发展。同时，要加强产业集聚，吸引更多的相关企业聚集在一起，形成产业集群效应，提升园区的竞争力和影响力。

（三）优化产业结构和发展层次。产业园区在打造产业链的过程中，要不断优化产业结构和发展层次，推动产业链向高端化、智能化、绿色化方向发展。通过引进先进技术、优化产品设计、提高产品质量等方式，推动园区内企业的转型升级。同时，要关注产业链的上下游环节，加强与供应商、销售商之间的合作，形成稳定、可靠的供应链体系。

（四）建立完善的公共服务体系。产业园区在打造产业链的过程中，要建立完善的公共服务体系，为企业提供全方位的服务和支持。例如，建立科技创新平台、人才培训平台、金融服务平台等，为企业提供技术、人才、资金等方面的支持和服务，促进企业之间的合作和交流，提升园区的创新能力和竞争力。

案例分享

长三角（如东）安全应急产业园通过挖掘地方独有资源优势、打造特色产业、创新产业政策、塑造园区独有形象，围绕"特色+集聚"，打造安全应急"全产业链"竞争优势，是打造园区发展DNA的一个非常典型的案例。

第一，安防产业是如东的传统产业，具有较长的历史和较强的产业基础。为了让传统产业走出一条新路，如东重点对安防产业发展进行统一的规划。从2018年开始，如东经济开发区牵头制定了《长三角（如东）安全应急产业发展规划》和《长三角（如东）安全产业园区建设方案》，坚定不移地挖掘地方传统产业优势，着力打造长三角（如东）安全应急产业园。多年来围绕规划和方案坚持抓好招商、强化产业、构筑平台，使如东传统的安防产业得到转型升级，发展迈上新轨道。

第二，抓好定位，做出特色产业。长三角（如东）安全应急产业园在定位上的特色在于围绕"智能化、标准化、数字化、轻便化、高效化、通用化"的个体防护装备发展方向展开，在进一步做强手部防护细分领域、扩展更多应用市场的同时，加快"从头到脚"全产业链覆盖的个体防护装备开发，加快与"大安防"产业的融合交互发展，开拓技术服务细分产业，大力吸纳医疗防护、消防防护、军事防护、公共卫生防护等高端防护领域的企业进驻。此外，也向紧急避险、逃生系统、生命探测、人员定位等方向进行尝试，立足产业基础，由局部防护向生命健康安全方面进行探索发展。由于定位集中、细致、明确，如东安全应急产业园成功地打造出了具有差异化和独特性的特色产业集群。

第三，抓好项目落地，快速形成产业集聚效应。

长三角（如东）安全应急产业园以如东经济开发区为核心，总规划面积36平方千米，在做好上位规划和产业定位后，产业园开始打造集安全装备制造、科技研发、物流交易等多功能为一体的产业发展承载体系。借助载体平台的建设，园区内安防板块的项目建设全面开花。

总投资10亿元的鸿翰安防二期项目主体厂房已经建成，进入设备安装和调试阶段，2023年底投产，将形成年产新型超纤维2000吨、高性能纱线3000吨、防切割手套1500万打的生产规模，预计实现产值12亿元；总投资4.3亿元的恒尚超纤维新材料项目一期已建成投产，具有年产高强高模聚乙烯纤维2400吨、各种高性能纱线产品3200吨的产能，预计年销售额可达8亿元；总投资1000万美元的霍尼韦尔特种抗高压手套项目正在进行前期建设。

第四，众多头部企业的发展也为长三角（如东）安全应急产业园产业链实现强链、补链、拓链提供有力支撑。目前，园区内已经形成了以恒尚新材料、锵尼玛新材料、九九久科技等为代表的高强高模聚乙烯纤维制造的上游产业，正在逐步向高端迈进；以恒辉、汇鸿、强生为代表的中游高端个体防护装备（PPE）制造业蓬勃发展；同时，国内外制造业企业对如东个体防护用品的需求和认可带动了产品应用，延伸了下游产业链，稳固了产品市场。这些都标志着如东安全应急产业园产业链的打造取得巨大的成功，也标志着产业聚集效应的形成。产业园区发展的DNA也在这种发展的格局中凝聚成型。

第五，强化科技创新，构筑园区发展核心竞争力。目前，园区有相关领域企业省级以上研发机构20多家，在加快建设安全应急产业的进程中，园区内企业与国内外多家重点院校、科研院所开展了机制灵活、形式多样的合作，为产业基地建设提供了强有力的创新能力依托。

汇鸿安全着眼手部在劳动过程中面临的伤害风险，在防护手套的基础功能上寻求再提升、再突破；恒辉安防坚持在产品性能、产品线、生产、品牌、客户关系等方面进行创新，在防切割手套产品领域不断研究和开发新产品，在不牺牲劳动者舒适性、灵活性的前提下提供更高级别的防切割性能保护。强生安防通过技术改造，不断提升工艺水平、环保能力、生产效率，企业利润率不断提高；霍尼韦尔公司不断突破产品领域，新上的高空逃生绳索项目已经立项；赛立特公司不断加大科技研发投入，公司研发中心成为省级工程技术中心……

科技创新的力量，使园区的高科技产品不断涌现，园区发展的核心竞争力不断巩固，正在成为一种内生的力量，自主地驱动园区的健康发展。

以品牌建设塑造园区独有形象，强化园区发展DNA的内涵与品质，提高了园区在全行业的辨识度。

长三角（如东）安全应急产业园在园区品牌建设方面采取了多项举措，包括：

1. 打造产业品牌。产业园注重打造产业品牌，通过举办安全应急产业大会、安全应急产业展览、安全应急产业创新创业大赛等活动，提高产业园在安全应急产业领域的知名度和影响力。

2. 建设企业品牌。产业园鼓励和支持企业加强自主创新，推动技术研发和产品创新，提升企业品牌价值和竞争力。

3. 推广园区品牌。产业园通过多种渠道推广园区品牌，如通过官方网站、微信公众号、宣传片等宣传园区形象和特色，吸引更多的投资和合作伙伴。

4. 加强品牌合作。产业园积极与国内外安全应急产业领域的知名企业和机构合作，共同打造产业生态圈，推动产业升级和发展。

综上所述，长三角（如东）安全应急产业园在构建园区发展DNA方面有着完整的策略。首先是政府引导，市场运作，产业园在发展过程中，注重政府引导和市场运作相结合的原则，政府通过制定相关政策和规划，引导园区发展方向和重点，同时通过市场机制，引导企业投资和创新，发挥市场在资源配置中的决定性作用。其次是产业园深度聚焦于安全应急产业，形成产业聚集和协同发展的良好氛围。再次是坚持创新驱动发展，产业园注重科技创新和人才引进，推动产业升级和发展。通过引进国内外先进技术和管理模式，提高产业附加值和市场竞争力。最后，产业园注重打造全产业链条，形成包括研发、设计、制造、销售等环节的完整产业链，提高产业综合效益和抗风险能力。经过全面综合的打造，长三角（如东）安全应急产业园铸造了园区发展的强大基因链，成为区域经济的引领者。

第十章 案例分析

案例一 杭州市西溪创意产业园

杭州市西溪创意产业园创新地实现了"园区+创意"的模式,通过将创意产业和传统产业有机结合,推动了经济转型升级。

具体来说,西溪创意产业园开发了一种名为"科技+互联网+文化+金融"的产业模式,实现了资源整合、产业融合和效益提升。该园区的运营创新体现在以下几个方面:

1. 深度融合。西溪创意产业园通过对多元文化和产业进行深度融合,实现了跨界协同,将文化、设计、科技和金融等产业融合在一起,推动了新型创意产业的发展。

2. 产业生态化。该园区通过优化园区的产业布局和产业链条,构建了完整的产业生态系统。同时,该园区还注重引进国际和本土优质企业和资源,提升了园区的影响力和吸引力。

3. 创新创业孵化产业。西溪创意产业园设立了创新创业孵化中心,提供全方位的孵化服务,包括投资、技术支持、人才引进等,帮助创业企业快速成长。

4. 共享资源产业。该园区注重资源共享,通过共享办公、共享生产设备和共享人才等方式,降低了企业的成本,提高了资源利用效率。

作为杭州市政府重点扶持的创新创业园区之一,西溪创意产业园区得到了杭州市政府的大力支持和投入。

1. 优惠税收政策。根据国家和杭州市的相关政策,符合条件的创业企业可以享受税收优惠。西溪创意产业园作为杭州市政府的重点扶持园区,入驻企业可以享受更多的税收优惠政策。

2. 财政扶持政策。西溪创意产业园入驻企业可以获得杭州市政府的财政扶持。根据不同的情况,政府可以为企业提供不同的扶持资金。

3. 人才引进政策。为了吸引更多的优秀人才到西溪创意产业园发展,杭州市政府出台了一系列人才引进政策。例如,对于符合条件的高层次人才,政府可以提供各种优惠政策和补贴。

4. 公共服务配套。为了满足入驻企业的日常办公需求,西溪创意产业园配备了完善的公共服务设施。政府还在园区内设立了各类政府服务窗口,为企业提供一站式政务服务。

杭州市政府通过各种政策和支持措施，为西溪创意产业园提供了重要的支持，为园区发展创造了良好的条件，而西溪创意产业园也给当地经济做出了巨大的贡献。

1. 就业创收。截至2022年初，西溪创意产业园已经引进了近千家企业，累计在园区内就业人数超过4万人，其中包括一批高素质的技术人才。这些企业的创新和发展为当地经济带来了新的活力和增长点。据统计，园区入驻企业的年产值已经超过600亿元。

2. 科技创新。西溪创意产业园以推动科技创新为主要目标，吸引了大量优秀的科研机构和高科技企业入驻。目前，园区内已经形成了一个以互联网、移动互联网、人工智能、生命科学等为主的创新生态系统。这些创新成果不仅推动了园区企业的发展，也为当地经济的升级换代提供了有力支撑。

3. 产业升级。西溪创意产业园积极推动产业升级，引导企业向高端制造、智能制造、绿色制造等方向发展，带动了当地产业的升级和转型。园区内不断涌现出具有核心竞争力的产业集群和龙头企业，形成了产业集聚的良好环境，为当地经济发展带来了更多机遇。

西溪创意产业园区作为国内领先的创新创业生态示范区之一，其运营创新具有一定的示范意义，主要体现在以下几个方面：

1. 推动地方经济发展。西溪创意产业园以创新创业为主要定位，积极引导企业创新发展，促进了当地经济的快速发展。其运营创新经验可以为其他地方搭建高质量的创新创业平台提供参考和借鉴。

2. 构建良好的生态环境。西溪创意产业园通过营造良好的创新创业生态环境，吸引了大量高素质的人才和创新资源。这有助于推动产业集群的形成，提高企业创新能力和核心竞争力。

3. 探索新的运营模式。西溪创意产业园在运营模式上也进行了不断创新，例如引入大量创业导师、投资机构等，为入驻企业提供全方位的支持。这种运营模式对于其他园区也有启示作用，可以为其他园区提供一些运营模式上的借鉴和参考。

案例二　贵港市电动车产业园

贵港精准把握电动车产业DNA，破解产业突围密码。

在中国电动车产业曾经的版图里，看不到广西贵港的名字。如今，贵港市实现新能源电动车产业规模"从小到大"、品牌"从无到有"、链条"从短到长"的转变，成为中国华南地区产业、品牌集聚度最高的区域之一，"好电车，贵港造"声名远扬，新能源电动车产业逐渐发展成为当地一张响亮的名片。2022年，共签约引进新能源电动车企业100多家，建成投产50多家，6家行业龙头企业均入驻投产，形成年产500万台两轮电动车、50万台电动三轮车以及500万台（套）电动车零部件的产能，本地配套率达80%，建立了相对完善的产业链。

广西贵港电动车产业一开始希望招商最知名的十大电动车品牌，但都无果。经转化运营思路后，从车轮、喷漆工厂及配套零件等方面出手，逐一击破。在配套服务升级的过程中，抓住"品牌车辆更偏向于组装"的电动车市场DNA，成功的实操成绩充分说明了贵港市能够精准把握电动车产业DNA运营模式。

1. 选好产业，打造产业布局"新IP"。2015年以来，港北区瞄准战略性新兴产业，提出打造千亿级新能源电动车产业集群。2022年，位于贵港市港北区的"中国—东盟新能源电动车基地"实现整车产量172.62万辆，配套764.04万台（套、件），全产业链总产值超200亿元，已成为中国主要电动车生产基地。

2. 政策优势。广西已启动工业振兴三年行动，明确将新能源电动车产业作为重点产业进行培育，新能源电动车产业已被列入《广西"双百双新"产业项目2021年重点领域投资指南》。

3. 成本优势。一方面，贵港投资成本与东部沿海地区相比较低；另一方面，贵港市区位优势明显，是大西南物资出口粤港澳地区及东盟各国最便捷的通道之一。

4. 平台优势。辖区内的贵港国家生态工业示范园区，是港北区承接产业转移、吸引各类企业入驻的优质平台。

下一步，贵港市将充分发挥政策、资源、营商环境等发展红利，以更宽视野、更大格局、更优服务，坚持精准招商、产业链招商，真正形成"强龙头、补链条、聚集群、抓创新、育品牌、拓市场"的产业发展格局，力争在"十四五"末及未来实现新能源电动车"311"目标，即每年生产3000万辆新能源电动车，完成1000亿元产值，缴纳100亿元税收。

案例三 北京中科创意产业园

北京中科创意产业园结合自身DNA，全力打造集创新技术研发、创意产业孵化、科技项目推广、技术服务等多功能于一体的产业园。

北京中科创意产业园地处北京CBD东区，以文化装饰产业为核心，凭借科研实力及人才优势致力于3D全景科技、数码影像、户外广告、家居装饰科技的研发推广，成立至今已成功研发出数十项国家专利，推广了多项科研成果，拥有上万平方米的办公场地，上千平方米产品展示区及六个配套工厂，数十位国内外研发专家，近百位营销和管理精英。

园区具有代表性的项目——奇画世界，汇聚了当前市场上时尚流行的数码影像画种，如数码高清晶彩奇画、数码创意金箔画、数码仿古宫廷油画、神奇艺术夜光画等，可广泛应用于室内装饰、婚纱影楼、印刷、工艺品、日常装饰品等领域，能够快速抢占市场，成就财富神话。

该园区运营创新之处在于园区结合自身 DNA 和市场需求，开发汇集了一批具有技术含量的数字创意作品和创意人群，对这些项目予以整合，形成系列化的、可供市场广泛推广的数字创意项目，园区重点打造展示推广平台和交易平台，让相关创意人群及项目既独立运营，又相互协作，通过项目中介推广和创意作品交易，产生一定的社会经济效益。

参考文献

① 李哲,吴笛.华北区域高新技术产业园区合作机制的研究[D].北京两界联席会议高峰论坛,2013.

② 余彦波.产业园区运营服务升级的三大趋势[J].中国企业报,2020(1).

③ 苏园祖.破解一流领军人才引聚难[J].中国组织人事报,2022(12).

后 记

随着全球产业链的重组加速，国际产业园区的新形态正在崛起。这些新兴的产业园区，不仅改变了传统产业区的面貌，也重新定义了产业发展的模式和策略。在这本书的撰写过程中，我们始终强调"产业园区运营为魂"的核心理念，认为产业园区的成功，不仅在于建设，更在于运营。

在过去的十年里，我们看到了许多城市和地区在产业园区建设方面的巨大投入，也见证了它们从无到有，从小到大，逐步发展成为国际一流的产业聚集地。然而，真正的挑战并非在于建设，而在于如何持续、有效地运营这些产业园区，以实现其长期发展的目标。

本书所探讨的产业园区运营创新策略，正是为了解决这一问题。我们希望通过深入研究和分析国内和国际产业园区的新形态，以及它们面临的挑战和机遇，为读者提供具有前瞻性和实用性的建议。我们强调以人为本，倡导可持续发展，推崇技术和管理的并行创新，提倡绿色和智能的园区发展模式。

在未来的日子里，产业园区将面临更多的挑战和机遇。这些挑战包括如何在全球化的大背景下更好地吸引和培养人才，如何构建更加绿色和可持续的产业生态，如何在数字经济的大潮中推动传统产业的升级和新兴产业的发展。

而机遇则蕴藏在挑战之中。随着科技的发展，我们可以预见到未来的产业将更加多元化和跨界化。新兴技术如人工智能、大数据、云计算、生物科技等，将进一步推动产业的发展和变革。而产业园区作为产业的承载体，将有更多的机会参与到这个过程中来。

面对未来，产业园区的运营需要更加开放和包容。我们需要打破传统的思维模式，不再局限于某一特定的领域或行业，而是要拥抱多元化和跨界合作。我们需要构建一个有利于创新和创业的环境，吸引全球的优秀人才和企业来到我们的产业园区。我们还需要注重绿色和可持续发展，以实现经济、社会和环境的多重效益。

同时，产业园区的运营也需要注重数字化和智能化。数字化可以帮助我们更好地理解和服务客户，提高运营效率；智能化则可以通过智能设备和系统，实现更加精准和高效的管理和服务。

本书只是我们对产业园区运营创新策略的一次初步探索。我们相信，随着科技的不断发展和应用，以及全球产业格局的不断变化，产业园区的运营将会有更多的新理念、新模式和新策略出现。我们期待未来能够看到更多优秀的产业园区涌现出来，为全球的经济发展和社会进步做出更大的贡献。

让我们一起期待产业园区的未来发展，共同探索更加美好的明天！